AF405442

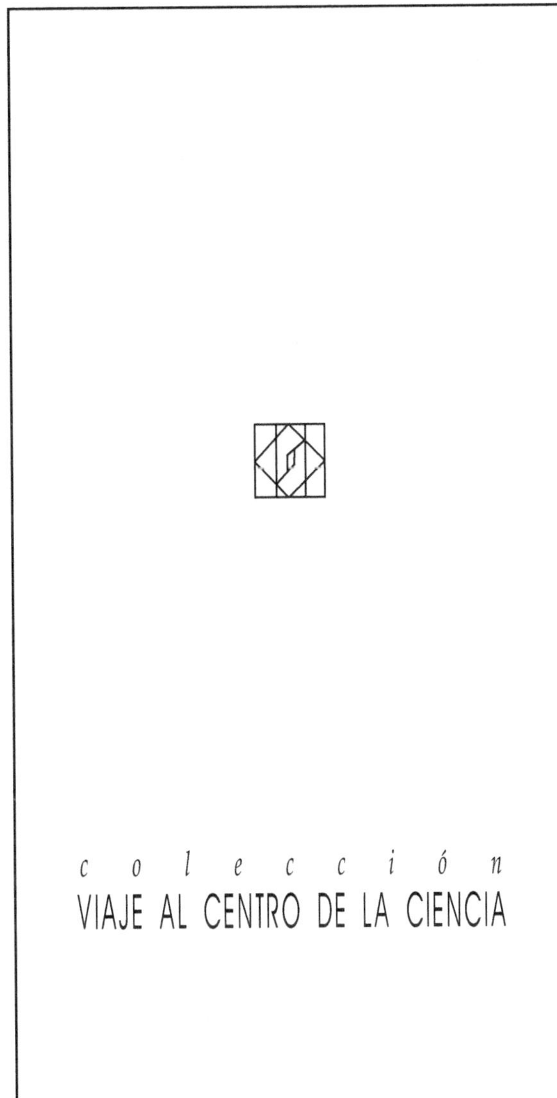

ADN

Colección dirigida por
Juan Tonda

Diseño: Arroyo + Cerda
Ilustración de portada y portadilla: Gerardo Gómez
Ilustraciones interiores: Edgar Gómez

Primera edición, 1995
Novena reimpresión, 2005
Décima reimpresión, 2021

© ADN Editores, S.A. de C.V.
Estrella del Sur 150, Col. Rancho Tetela,
62160 Cuernavaca, Morelos, México
juantonda54@gmail.com
Tel. (52) 5554006326

La primera edición se coeditó con la Dirección
General de Publicaciones del Consejo
Nacional para la Cultura y las Artes

ISBN 978-968-6849-07-3

Edgar Gómez Marín

Esto es el caos

A la memoria de Luis Demetrio Marín V.

Índice

1. Suriana 9

2. Fundamentos caóticos 21

3. Fractales 39

4. El sueño, la muerte y la carta 73

5. El orden oculto 85

6. La ruta hacia el caos 113

Glosario 123

Lecturas recomendadas 126

Suriana

Suriana soltó una carcajada al comprobar la completa ignorancia de Sergio respecto al caos, del que ella había tenido noticia, para qué más que la verdad, apenas un par de días antes.

El 23 de abril de 1994, cerca de las tres de la tarde, un fuerte viento azotó a la ciudad de México, como no sucedía en muchos años. Volaron objetos por los aires; algunos ligeros, otros no tanto. Sergio prefirió detener un momento su camino a casa por tres razones: para esperar a que amainara el viento, para mirar ese movimiento desordenado de las cosas y, si su orgullo se lo permitía, para reconciliarse con Suriana, que ahí venía en medio de ese escánda-

lo del clima. Se habían hecho amigos dos años antes, cuando ingresaron en la preparatoria. Durante ese lapso, su amistad se había visto amenazada varias veces porque los dos eran más bien orgullosos.

Sergio había perdido ya algunos amigos por razones aparentemente minúsculas. Esas pérdidas, sólo él lo sabía, le habían dolido más de lo que estaba dispuesto a aceptar. Había terminado por creer que la amistad era como los edificios: llevaba tiempo y esfuerzo construirlos y sin embargo podían desplomarse en un rato de temblor; "afortunadamente", pensó con optimismo, "se venden seguros contra las pérdidas materiales que provocan los siniestros". Le pareció que esto del trabajo necesario para construir tenía alguna relación con la entropía, es decir, el estado de desorden de un sistema. Según la segunda ley de la termodinámica, en un sistema cerrado la entropía aumenta con el tiempo; para evitarlo se requiere algún tipo de trabajo, entendido como energía. La amistad, entonces, viene a ser algo así como un sistema ordenado. Para conservar una amistad es necesario aplicar un trabajo, porque ésta, como otras relaciones humanas, tiende con el transcurso del tiempo hacia el estado más probable: el olvido. Sin embargo, Sergio pensó que eso no estaba mal, puesto que si no costara trabajo mantener una amistad, ésta se burocratizaría, como sucede con los empleados a los que no les cuesta trabajo conservar su puesto.

Se disgustó con Suriana por una tontería, una estupidez, una minucia. Ni modo. Ahora quedaban sólo dos opciones: doblegar el orgullo y reconciliarse con ella, o perderla para siempre. La conclusión de que sólo había esa alternativa, drástica como era, no fue el resultado de un análisis frío y exhaustivo sino que fue sugerida por un sentimiento que ya empezaba a hacer de las suyas. Se sorprendía al recordar lo que pensó de ella la primera vez que la vio: le pareció una *tipa* —lo pensó con esa palabra— completamente olvidable. Y cuando uno de sus compañeros le confesó alguna vez que le gustaba Suriana, él, Sergio, se le quedó mirando perplejo, y con el más rotundo tono despectivo le preguntó: "¿Te gusta esa bizca fea?" Esto fue en realidad un exceso porque, bien visto, Suriana tenía su encanto. Y a veces esa ligera desviación estrábica parecía más bien realzar su rostro que estropearlo. ¿Se habría enamorado Sergio lo mismo de no haber tenido Suriana ese ligerísimo defecto? Imposible saberlo.

Suriana pasó frente a él sin verlo. Pero eso no lo desalentó porque ya sabía cómo se ensimismaba a veces, así que sin pensarlo más la alcanzó y comenzó a caminar junto a ella. La miró fijamente hasta que la obligó a voltear.

—Hola —le dijo.

—Hola —contestó ella, sin detener su marcha.

Se sentía un poco ridículo porque no sabía qué decirle, nada se le ocurría. Lamentó haberse burlado tantas veces de las conversaciones que se traban en torno al clima. Ahora no podría salir con una tontería como "qué viento, ¿verdad?". De pronto recordó la clase de física que había dado el profesor recientemente —cuando planteó todas esas cosas interesantísimas de la mecánica cuántica— y creyó que sería fácil iniciar alguna conversación como las que antes sostenía con ella sobre ese tipo de temas. Sin embargo le pareció absurdo comenzar una plática sin haber formalizado primero la reconciliación. Pero ¿qué debía decir? Estaba convencido de que ninguno de los dos tenía la culpa, no había por qué pedir perdón.

En ese estado de confusión soportó ocho o nueve segundos que se le antojaron minutos. Estaba a punto de claudicar, de detenerse y dejar que ella siguiera su camino, pero la oyó decir:

—Esto es el caos.

Sergio vio que la circulación vehicular se había desquiciado. Se sintió aliviado y comentó:

—Sí, y a la hora pico se va a poner peor.

—No, no me refiero al tránsito sino al clima.

—¿Al clima? —preguntó extrañado, deteniéndose repentinamente.

Suriana se detuvo unos pasos más adelante y volteó a verlo. Transcurrieron unos segundos sin que se oyera más que el lío de los objetos que arrastraba el viento, hasta que ella le preguntó:

—¿Cómo te llamas?

Ya para entonces volvía la calma.

—Sergio, ¿y tú?

—Suriana.

—Mucho gusto —dijo, sintiéndolo de veras.

—El gusto es mío —respondió sonriendo, y no menos sincera. Él la alcanzó y estrechó la mano que ella le tendía. Iba a besarla, pero en un titubeo perdió la oportunidad. Entonces continuaron su marcha.

Con esto ya se podían considerar reconciliados, pero todavía faltaba esa primera etapa de la reconciliación que es al mismo tiempo incómoda y reconfortante.

—Oye, ¿y por qué dijiste lo del caos?

—Porque estoy leyendo algo sobre eso.

—Sobre qué eso, de qué me estás hablando, ¿del clima?

—Del caos, del caos.

—¿Me estás cotorreando?

—Para nada.

—Entonces ¿qué es eso del caos, te refieres al desorden?

—¿Tú lees?

—Sí, me gusta mucho, pero ¿qué tiene que ver?

—Pues que no entiendo... —hizo una pausa como para

intrigarlo— ...cómo es posible... —hizo otra pausa como para coquetearle— ...que no sepas lo que es la teoría del caos.

Ella exageraba, pero sólo era para darle a Sergio un piquete en el mero orgullo, porque siempre resultaba divertido.

—Bueno, pero yo leo sobre ciencia, no sobre esas cosas de caos —respingó él tratando de recuperar el equilibrio.

—Pues qué mal lees. El caos es parte de la ciencia, por si no lo sabías.

—Sí, quiero decir que yo leo cosas actuales, tú sabes, la relatividad, la mecánica cuántica —fanfarroneó con desdén fingido—. ¿Eso del caos es del siglo pasado, o qué?

Suriana soltó una carcajada —mitad de nervios, mitad de mala leche— al comprobar la completa ignorancia de Sergio respecto a este asunto del que ella había tenido noticia, para qué más que la verdad, apenas un par de días antes.

—¡Claro que no! Qué tonto eres.

—¿Tonto yo?, no sabes con quién estás tratando —dijo, con una soberbia un poco mentirosa, y sonrió en franco desafío.

—Pues serás Einstein —ironizó.

—Tú qué sabes.

—Yo sé muchas cosas interesantes —dijo con la mirada encendida de picardía.

Y así se alejaron por la calle, discutiendo un poco, divertidos ambos, y encantados de reconciliarse. Sus siluetas, ya sin voz, se mezclaron con el ruido de la tarde y se perdieron en la esquina.

Suriana Clavel era nieta de un escritor anónimo aunque extraordinario: don Carlos Armando Ortega, a quien ella quería mucho y con quien pasaba largas horas platicando. El viejo sabía cómo le había dolido a su nieta haberse disgustado con Sergio, por eso ahora celebraba la noticia de la reconciliación.

—Estoy contenta, abuelo...

—¿Pero...? —inquirió él al darse cuenta de que la chica dudaba.

—Bueno, es que hoy vi en la mirada de Sergio, no sé, como si estuviera enamorado de mí.

—¿Y eso te disgusta?

—No, no. Lo que pasa es que... pues somos amigos ¿no?, y yo no quisiera que nuestra amistad se acabara por andar.

—Por andar qué —el abuelo se burlaba a veces de su manera de hablar.

—Por andar, así se dice, por andar; por ser novios, para que me entiendas.

—Tú no estás enamorada de él —preguntó, aunque en tono de afirmación. El ligero movimiento de cabeza y su inconfundible gesto le indicaron a ella que soplaban vientos de charla.

—No lo sé.

—Y si no lo sabes, ¿no será entonces que no estás enamorada?

—Ay abuelo, ¿ahora me vas a salir con ésa? —rió con un poco de esfuerzo—. ¿Pues qué ya no te acuerdas de todo lo que me has contado, de todo lo que hemos platicado? Cuando te enamoraste de mi abuela siempre tuviste dudas, y lo mismo te pasó con todas las mujeres que has tenido, al menos eso me has dicho, no te hagas: el amor es un verdadero caos.

Hizo una pausa para ver el efecto que podría causar la palabra. Era un guiño, un gesto de complicidad, por la plática de dos días antes, cuando él le contó que le habían enviado un libro sobre el caos para que diera su opinión. Pero no captó el guiño de ella porque, acostumbrado como estaba a considerar al amor un caos, más que una ocurrencia le pareció una redundancia, y ya no pudo relacionar en su mente el caos del amor con el caos de la ciencia (o la ciencia del caos).

—Yo más bien creo que sí estoy enamorada —continuó—, pero...

¿problemas?, ahorita no, ¿no crees? Tú sabes cómo soy de apasionada, cómo me entrego a mis ondas, a todo lo que hago. Además no quiero arruinar mi vida ni cambiar todos mis planes.

—Oye hija, a mí me parece que estás exagerando un poco, ¿no te estás adelantando demasiado a los acontecimientos? Todavía no "andan" y ya estás pensando en arruinar tu vida... —calló porque la vio enrojecer.

Tal vez ella pensó que su abuelo se burlaba, pero no era así. Él sabía lo fácil que es tergiversar las intenciones de los demás, así que decidió hacer una pausa y continuar en otra dirección:

—Bueno, bueno, en fin, ya tienes edad para decidir lo que te conviene. Sólo recuerda lo que hemos platicado en otras ocasiones: la vida es muy compleja y tiene muchos vericuetos y caminitos; entre el blanco y el negro hay una infinita gama de grises. Sabes que cuentas con mi apoyo siempre y que te quiero mucho.

—Yo también te quiero, abuelito, pero no te me pongas sentimental. ¿Qué te pasa? ¿Te sientes mal? —preguntó con una ligera sensación de estar tomando revancha. Sin embargo, sí se inquietó al oír a su abuelo expresarse con cierta torpeza y en un tono tan solemne. ¿Estaría chocheando?

—No. Me siento muy bien.

Hizo una pausa. No dejaba de mirarla con esos ojos suyos tan escrutadores. Y luego agregó:

—Tan bien, que voy a hacer un viaje.

La inquietud de Suriana aumentó un poco, pero pronto la desechó, puesto que ella casi no creía en la premonición (ni tampoco en ovnis, fantasmas, brujos, videntes, ni nada que perteneciera a la categoría de lo mágico). Ya tranquila preguntó:

—¿Y adónde vas?

—Voy a Europa, a pasear.

—¿Cuándo?

—La próxima semana.

—Te voy a extrañar —dijo sincera, y puso una de esas caritas de niña desvalida que tantas veces habían confundido al viejo.

Don Carlos pensaba que los problemas que él había tenido con Olga, su propia hija (y madre de Suriana), habían arruinado la vida de ambos. Esperó mucho de ella cuando era niña pero nunca pudo dedicarle ni el tiempo ni la paciencia necesarios para motivarla, para expresarle el cariño que, a pesar de todo, sentía por ella. Sabía que le había hecho mucho daño, y varios años se atormentó con ese pensamiento. Un día, sin embargo, cuando Suriana tenía unos 10 años, don Carlos se dio cuenta de que con ella, con su nieta, se sentía muy bien, tal vez porque no le exigía como le exigió a su hija, o tal vez porque ya comprendía mejor la vida, o porque ya tenía más tiempo que dedicarles a las personas, o porque se había vuelto más humilde, quizá más sabio, o porque... vaya usted a saber qué. Pero se sentía muy bien con ella. Y eso lo ayudó a olvidar sus autorreproches, a ver la vida con más alegría. Había llegado a la conclusión de que dos personas sólo pueden entenderse cuando entre ellas hay afinidad, cuando comparten intereses, puntos de vista, gustos. En cambio, cuando el azar no quiere que las cosas sean así, la relación entre dos personas se torna muy áspera, aunque compartan la misma sangre, como era el caso con su hija, o un contrato, como lo era con su esposa: el amor es importante pero no suficiente. Si doña Jimena no hubiera muerto poco tiempo después de que nació Olguita, su matrimonio seguramente se habría vuelto insoportable. Pero eso lo pensaba ahora, después de tantas reflexiones, de darle tantas vueltas al asunto; porque en aquel entonces lloró todo lo que le permitió su propio abatimiento.

—¿En qué piensas, abue?, ¿en el caos?

—Pues sí —respondió con un poco de sorpresa. Y después de

tomar una gran cantidad de aire por la boca comentó:

—Precisamente pensaba en el caos. Apuesto a que tú también has pensado en eso.

—Adivino.

—A ver, dime, ¿qué has pensado?

—Bueno, no gran cosa. En realidad me encanta la teoría; la idea es muy padre ¿no? Pero como que todavía no le agarro bien la onda, me hago un poco de bolas. Quisiera leer más sobre eso y así, poco a poco, ir entendiendo todos esos rollos nuevos. ¿No crees?

—Por supuesto, el tiempo es indispensable precisamente para poner orden en el caos que se forma dentro de la cabeza. Para captar bien las nuevas ideas del caos hay que poner un poco de orden en las neuronas...

Y dijo otras cosas antes de darse cuenta de que su nieta ya no lo escuchaba. Ella se había quedado pensando en su encuentro con Sergio y sonrió sin advertirlo cuando recordó que, en cierto sentido se había reconciliado con él gracias al caos.

Don Carlos casi había aprendido a leer los pensamientos de Suriana. No la quiso esperar a que volviera de las profundidades de sí misma (tan concentrada estaba) sino que fue por ella, se metió prácticamente entre sus pensamientos preguntándole:

—¿Por qué le dijiste eso a Sergio?

Después de la sorpresa vino la carcajada de los dos. Y es que aunque ella ya estaba acostumbrada a esos lances de su abuelo, no dejaban de sorprenderla.

—Ay abuelito, perdona que no te estuviera haciendo caso, pero... bueno, para qué te explico si tú sabes en qué estaba pensando.

—Por supuesto —exageró él.

—A ver, dime exactamente cómo fue nuestra reconciliación —lo retó, evidentemente bromeando.

—Bueno, fue muy emocionante. Pero como tú cuentas las cosas con mucha sal y pimienta, prefiero oír esa historia de tus labios y volver a disfrutarla —dijo sin engañar a nadie, puesto que a nadie quería engañar.

Suriana sonrió por la ocurrencia del viejo y compadeció a todas las personas que no tienen un abuelo como el suyo.

—Cuando dimos vuelta en la esquina un golpe de viento nos alborotó el pelo —comenzó diciendo Suriana, con la confianza de saber que contaba con un verdadero escucha—. Volaban objetos de todos tamaños y algunos podían habernos lastimado; sin embargo, lo primero que hicimos nosotros fue tratar de arreglar nuestros caóticos cabellos. Cómo somos de vanidosos, ¿no? Yo, la verdad, estaba un poco nerviosa y creo que él estaba más. Primero quise hacerlo bolas con esas ondas de la teoría del caos de las que me estuviste platicando antier, pero ahí fue cuando me di cuenta de que, en realidad, no había digerido todavía esas ideas y temí hacer un oso —y siguió hablando y diciendo cosas.

La sobremesa de la comida se había extendido ya más de tres horas, pero eso sucedía con mayor frecuencia de la que pudiera pensarse, pues si había dos personas en el mundo a las que les gustara platicar eran precisamente ese abuelo y esa nieta; pero no podían platicar todo lo que querían porque, así como la noche se colaba por las ventanas, la realidad se colaba por todas partes. Mientras hablaba, Suriana buscaba en la mesa moronas de pan o de tortilla con las cuales formar una bolita que entretuviera a sus dedos para que no la distrajeran. A veces miraba sus manos hacer, a veces miraba las ventanas creyendo que podría cohibir a la noche para que retrasara su llegada.

Don Carlos, ¿hay que decirlo?, adoraba a su nieta, y a veces pensaba que había volcado en ella todo el amor que no pudo darles a sus mujeres ni a su hija.

—Preferí dejarme de tonterías e invitar a Sergio a este mundo maravilloso del caos —decía Suriana—. Con él se puede hablar de estos temas con la confianza de que va a entender lo suficiente como para que tengamos nuestras diferencias de opinión, y eso siempre anima las pláticas. Le voy a prestar una copia de las cuartillas que me diste sobre fractales...

—A ver, a ver, ¿cómo está eso de que con él se puede hablar de estos temas y las arañas? —interrumpió don Carlos, con ganas de reprenderla, pero buscando con sus gestos, ademanes y modulación de la voz, que ella no lo fuera a tomar de mala manera.

—Pues tú sabes a qué me refiero, no te hagas.

—Lo que sé es que eres una engreída y eso no está bien —dijo en tono juguetón.

—Ay abue, si no es contigo ¿con quién me voy a sincerar?

Se hizo un silencio. Suriana no sabía qué más decir, el abuelo no sabía qué contestar, sólo se le ocurrió sonreír y encogerse de hombros. Los dedos de ella seguían haciendo bolitas con las moronas de pan o tortilla. Él esperó tranquilamente. Un silencio entre ellos no sólo no era incómodo sino que frecuentemente era reconfortante. Cuando dos personas se identifican de veras disfrutan la compañía mutua aun inmersos en el silencio.

—Abuelo —dijo ella de pronto—, ¿por qué no prendes la luz?, ya no veo nada.

2

Fundamentos caóticos

Es muy probable que la importancia que ha cobrado hoy la teoría del caos se deba a la propia palabra caos, pues tiene ésta un significado para el hablante común y eso despierta su interés.

La lengua del caos

Aunque un nombre más científico de la teoría del caos es "teoría de los sistemas dinámicos no lineales", es muy probable que la importancia que ha cobrado hoy esta teoría se deba a la propia palabra caos, pues tiene ésta un significado para el hablante común y eso despierta su interés. La gente busca significado en el mundo que la rodea. Tal vez por eso la ciencia sea vista por muchos como algo árido o muy difícil: "como no entiendo el término termino por no entender nada".

La teoría del caos está hecha de circularidad, de repetición, de pequeñas causas que tienen grandes efectos. Conceptos todos ellos que tienen significado para la gente de la calle, que le dicen algo. No sería difícil pensar que si no se hubiera usado la palabra *caos* en la divulgación de estas ideas, el interés de mucha gente no habría sido el mismo como tampoco habría sido igual la conmoción que ha causado.

La pequeña diferencia en la condición inicial que representa el nombre de una teoría puede tener efectos muy grandes en su desarrollo posterior. Pero también el nombre puede ser la causa de que mucha gente se confunda en cuanto al sentido de la teoría del caos. Lo mismo ha ocurrido en otros casos; por ejemplo, en su *Abc de la relatividad*, Bertrand Russell dice:

Cierto tipo de hombre superior se siente orgulloso de afirmar que "todo es relativo". Esto, naturalmente, es absurdo, ya que si todo fuera relativo, no habría nada relativo a ese todo. No obstante, sin caer en absurdos metafísicos, es posible sostener que todo en el mundo físico es relativo a un observador. Esta idea, verdadera o no, no ha sido adoptada por la "teoría de la relatividad". Quizás el nombre no sea lo más afortunado. Pero lo cierto es que ha llevado a confusión tanto a filósofos como a personas poco instruidas. Creen que la nueva teoría prueba que todo en el mundo físico es relativo, cuando la verdad es todo lo contrario. Intenta excluir lo relativo y llegar a una formulación de las leyes físicas que no dependan en ningún sentido de las circunstancias del observador. Es cierto que estas circunstancias, según se ha comprobado, tienen mayor efecto de lo que parece y de lo que anteriormente se creía sobre el observador. Pero, al mismo tiempo, Einstein demostró la manera de anular totalmente este efecto. Aquí está el origen de casi todo lo que hay de sorprendente en su teoría.

Algunos científicos y comunicadores, no los mejores por cierto, complican las cosas por el puro placer de que no las entiendan los demás; esto les da una mal entendida superioridad sobre el común de los mortales. Son muy celosos de la propiedad de los términos y hacen hasta lo imposible por evitar que la sencillez de algunos conceptos pudiera reflejarse en las palabras que los nombran.

Es cierto que la vida es compleja, pero también lo es que mucha de la complejidad es creada por los hombres, ya sea por quienes entienden los fenómenos y no saben (o no quieren) explicarlos, ya sea por quienes los explican sin haber podido (o querido) entenderlos. Y es que las ideas científicas (en realidad, todas las ideas) suelen ser presa fácil de la tergiversación insensata. Se activan los mecanismos del teléfono descompuesto para terminar afirmando, muchas veces, lo que se pretendía negar. Tal vez porque las palabras son inexactas es imposible evitar las interpretaciones erróneas.

La ciencia se ha especializado al grado de que no hay actualmente personas que dominen toda la matemática o toda la física o toda la química, etcétera. Sin embargo, hay ideas fundamentales que pueden llegar a ser entendidas por un público muy amplio. El lenguaje, ¿será necesario decirlo?, es sumamente importante para transmitir esas ideas.

Así pues, en nuestro mundo real siempre hay inexactitudes que, por pequeñas que sean, se van multiplicando con el tiempo y rompen el orden. Al romper ese orden externo, se abren paso hacia el caos, que es un orden más íntimo, de más difícil acceso. Esto es inevitable. Hay que acostumbrarse a la idea de que las posibilidades del hombre son limitadas. ¿Cómo podríamos, por ejemplo, conocer las dimensiones exactas de esta página? Sólo podemos aspirar a una aproximación de décimas de milímetro: 135.6 mm de ancho y 215.9 mm de largo. Con instrumentos adecuados tal vez podríamos encontrar centésimas o milésimas, digamos 135.598 x 215.904 mm (por eso cuando los investigadores reportan medidas, expresan un grado de incertidumbre en ellas, por ejemplo: 135.598 ± 0.005 mm). Si pudiéramos seguir aumentando nuestra precisión hasta alcanzar la escala molecular, ya no tendría sentido hablar de una medida exacta, porque ésta se perdería en la confusión de millones y millones de moléculas que se mueven en todas direcciones. Así pues, tendremos que conformarnos con aproximaciones, renunciar a la exactitud. Las pequeñas imprecisiones, sin importar cuán ínfimas sean, se magnifican tarde o temprano en ciertos sistemas en los que las pequeñas causas tienen efectos grandes; sistemas que al parecer son los más abundantes.

En el lenguaje cotidiano también se aprecia este fenómeno. Considérese, por ejemplo, el significado de la palabra nimio, que originalmente quería decir "prolijo, excesivo, demasiado", pero que hoy prácticamente nadie la usa en este sentido sino en el de "insignificante, sin importancia". Tal vez este tipo de traslaciones de sentido se deba a que las palabras nunca se ajustan exactamente a nuestras ideas. Lo inexpresable es todo eso que se pierde cuando metemos una idea, que es continua, en una serie de palabras, que son discretas.

Iteración y autorreferencia

El concepto matemático conocido como iteración es muy importante porque está en el centro mismo de la teoría del caos. La iteración no es otra cosa que una función de sí misma. Recordemos que una función es una relación entre dos cantidades o variables, una de las cuales depende de la otra, como sucede en la ecuación:

$$y = x^2 + 6$$

Generalmente se expresa la variable dependiente con una y y la independiente con una x. Para que sea una función, la relación debe establecer un único valor a la y para cada valor de x; cuando es así, podemos decir que y es una función de x, lo cual se simboliza:

$$y = f(x)$$

(que se lee "ye es igual a efe de equis"). Nuestro ejemplo de arriba puede expresarse como una función de x así:

$$f(x) = x^2 + 6$$

donde $f(x)$ denota el valor particular de y que corresponde a un valor de x; algunos valores para esta ecuación serían:

$$f(0) = 6, f(1) = 7, f(2) = 10, f(8) = 70, f(20) = 406, \text{ etc.}$$

No parece difícil encontrar el valor correspondiente de y para cualquier valor específico de x, pero ¿cuál sería el valor de, digamos, $f(f(2))$? Muy fácil. Si arriba vimos que $f(2) = 10$, entonces, sustituyendo, obtenemos:

$$f(f(2)) = f(10) = 106$$

que sería la segunda iteración de nuestra ecuación $y = x^2 + 6$, cuando x tiene un valor inicial de 2. Lo que hicimos no fue otra cosa que obtener el resultado de esta ecuación para $x = 2$, es decir 10, y posteriormente obtener el resultado para $x = 10$ en la misma ecuación, o sea, 106. Si queremos volver a iterar (que no es lo mismo que reiterar), obtendremos el resultado para $x = 106$, y así sucesivamente. Como podemos ver, se trata de una operación muy fácil de establecer. Por supuesto, si queremos encontrar el valor que tomaría nuestra expresión después de iterarla 50 veces, la tarea sería tardadísima con papel y lápiz, engorrosa con una calculadora, pero extremadamente sencilla con una computadora (aunque el resultado es una cifra inconcebiblemente enorme, algo así como 3.36 x 10 elevado a la 5.7 x 10^{14}, es decir, un 3 seguido de 570 billones de ceros).

Las iteraciones se pueden representar de una manera más condensada, por ejemplo:

$$f^{[4]}(x)$$

para la cuarta iteración, en lugar de:

$$f(f(f(f(x))))$$

Por convención (y por conveniencia) se considera que la primera iteración de una función es la función misma, es decir,

$$f^{[1]}(x) = f(x)$$

La secuencia de las iteraciones de un valor específico de x se conoce como *órbita* de ese valor y comienza con él:

$$x, f(x), f^{[2]}(x), f^{[3]}(x), ..., f^{[n]}(x)$$

Así tenemos que la órbita de 2 para $f(x) = x^2 + 6$ es:

$$2, 10, 106, 11\,242, 126\,382\,570, ...$$

claramente se ve que esta órbita va creciendo sin límite con cada nueva iteración. Lo mismo sucede con órbitas distintas para la misma ecuación, veamos algunos ejemplos:

x	*órbita de* x
1	1, 7, 55, 3 031, 9 186 967,...
3	3, 15, 231, 53 367, 2 848 036 695,...
0.5	0.5, 6.25, 45.06, 2 036, 4 147 863.3,...
0	0, 6, 42, 1 770, 3 132 906,...
-0.1	-0.1, 6.01, 42.12, 1 780.1, 3 168 772.06,...
-2	-2, 10, 106, 11 242, 126 382 570,...

De acuerdo con esta muestra representativa, podemos concluir que cualquier órbita posible de x para esta ecuación aumentará sin límite conforme aumente el número de iteraciones. Sin embargo, no sucederá lo mismo si variamos un poco la ecuación, por ejemplo, $f(x) = x^2 + 0.25$. Veamos:

x	órbita de x
2	2, 4.25, 18.31, 335.59, 112 626.03,...
0.5	0.5, 0.5, 0.5, 0.5, 0.5,...
0.4	0.4, 0.41, 0.4181, 0.4248, 0.4304,...
0.6	0.6, 0.61, 0.6221, 0.6370, 0.6557,...
0	0, 0.25, 0.3125, 0.3476, 0.3708,...

La órbita de 2 muestra el mismo comportamiento que ya conocemos, es decir, aumenta sin límite. En la órbita de 0.5, el resultado siempre es el mismo sin importar cuántas veces la iteremos. Las tres últimas órbitas se parecen en el sentido de que van creciendo, pero existe una diferencia: la órbita de 0.6 va a crecer sin límite, mientras que las otras dos se irán acercando a un valor, que en ambos casos es 0.5. Por supuesto, no es fácil deducirlo de los datos de la tabla anterior, pero si contáramos con más información se vería claro el comportamiento de estas órbitas. Usaremos nuestra notación para dar los siguientes datos:

$$\text{si } x = 0.4,\ f^{[300]}(x) = 0.49678$$
$$\text{si } x = 0,\ f^{[300]}(x) = 0.49672$$
$$\text{si } x = 0.6,\ f^{[19]}(x) = 6\,982\,330\,058\,379$$

Como la órbita de 0.6 tiende a infinito a una velocidad baja (menor que la de la órbita de 2, por ejemplo), no es fácil saber, con sólo ver unas cuantas iteraciones, si la órbita va finalmente a crecer sin límite.

El concepto de iteración, como veremos en el capítulo sobre fractales, es muy "creativo": de su aparente sencillez surge toda una serie de estructuras, no sólo gráficas sino también numéricas, lógicas, orgánicas. La complejidad misma de todos los seres vivos le debe mucho a la capacidad iterativa de la molécula de la vida: el ADN. En la teoría del caos, la iteración y la autorreferencia desempeñan un papel fundamental. Ambos conceptos se combinan, y a veces se confunden, para formar un marco de espejos donde las paradojas se pasean como una infinita cantidad de Pedros por su casa. Mostraremos, desde un punto de vista lógico, la diferencia en el significado de estos dos términos por medio de un ejemplo muy conocido.

Supongamos que encontramos tirada por ahí una hoja de papel con una frase escrita en cada una de sus caras. Analizaremos dos casos.

Caso 1. Las dos frases son equivalentes (podrían ser exactamente iguales). Tomamos la hoja y leemos la frase 1, que dice: "la frase del reverso es falsa". Volteamos la hoja y leemos la frase 2 que dice: "la frase del anverso es falsa". Ahora queremos saber cuál frase es falsa y cuál verdadera, o si ambas son falsas o ambas verdaderas. Empecemos por suponer que la frase 1 es verdadera (si no llegamos a ninguna contradicción podremos concluir que sí lo es) y, por lo tanto, vamos a creer que la 2 es falsa. Leemos la 2 pero sin creerle (porque la suponemos falsa) cuando afirma que la 1 es falsa. Hasta aquí todo coincide: la frase 1 es verdadera y la 2 es falsa. Nos podríamos ir a casa muy contentos y con la conciencia tranquila de haber hecho justicia basados en un análisis riguroso; pero al arrojar la hoja al aire, el azar quiere que caiga con el reverso hacia arriba. Rápidamente nos damos cuenta, si no lo habíamos hecho antes, de que pudimos haber empezado nuestro análisis con la frase 2, en cuyo caso estaríamos convencidos de que ésta era verdadera y la otra falsa. Cuál sea la verdadera dependerá de cuál elijamos para iniciar el análisis o, como diría un caótico, de la condición inicial.

Caso 2. Las dos frases son opuestas. La frase 1 es igual a las del caso 1: "la frase del reverso es falsa". La frase 2, en cambio, dice: "la frase del anverso es verdadera". Comenzamos, como en el caso 1, suponiendo que la frase 1 es verdadera, lo cual significa que la 2 es falsa. Damos media vuelta a la hoja para leer la frase 2 que, hasta este momento, sabemos que es falsa y por lo tanto miente cuando afirma que la 1 es verdadera. Según esto, la frase 1 deberá ser falsa. Damos entonces media vuelta a la hoja (con lo cual completamos una vuelta) para leer la frase 1, que ahora sabemos que es falsa. Pero como este resultado está en franca contradicción con nuestra suposición inicial, tendremos que descartar esta suposición inicial y sustituirla por su negación: la frase 1 es, pues, falsa. Esto coincide con la conclusión a la que llegamos después de haberle dado una vuelta completa a la hoja, por lo tanto es prácticamente una certeza. Sólo nos resta hacer la comprobación de nuestro resultado (como hacen los niños en la primaria con las mecanizaciones) para poder darle carpetazo a este asunto. Como la 1 es falsa, entonces la 2 es verdadera; damos otra media vuelta a la hoja y observamos que, según la 2, la frase 1 es verdadera y esto está de acuerdo con aquella primera suposición que habíamos descartado y que ahora, al completar la segunda vuelta de la hoja, tendremos que reconsiderar. Este proceso se puede repetir al infinito, pero a estas alturas ya se ve claro que la frase 1 es verdadera y, si hay vuelta de hoja, es falsa. Ello no quiere decir que una frase sea verdadera y falsa *al mismo tiempo*, puesto que aquí, con cada vuelta de hoja el tiempo ya no es el mismo, como que avanza.

Esto se puede comparar al resultado de iterar la función $f(x) = 1 - x^2$ para el valor específico de $x = 1$:

$$1, 0, 1, 0, 1, 0, 1, 0, 1, 0...$$

Es decir que aquí se alternan los resultados 1 y 0 mientras que en el caso de arriba se alternan los juicios verdadero y falso.

Ahora ya tenemos un poco más de elementos para deslindar significados. En este ejemplo tenemos una autorreferencia por mediación, es decir, la frase 1 hace referencia a sí misma por medio de la frase 2, y viceversa. La iteración, por su parte, está representada por cada vuelta de hoja. Mientras que la autorreferencia es una condición (la circularidad), la iteración es una repetición que puede cumplirse un número contable de veces. En otras palabras, puede hablarse de 6 iteraciones, 94 iteraciones, n iteraciones, etc. En cambio, la autorreferencia se da o no se da, y punto.

Una autorreferencia directa se encuentra por ejemplo en la expresión: "esta frase es falsa"; el misterio que encierran frases como ésta se disuelve un poco cuando las analizamos como a las del ejemplo que pusimos arriba, aunque cuando la autorreferencia es directa resulta un poco menos claro el proceso iterativo. Por otro lado, observemos que existen frases autorreferentes que no producen todo este juego de significados, tal vez porque no llevan un elemento negativo. Un ejemplo es: "esta frase es verdadera". (Adviértase la diferencia, desde el punto de vista lógico, entre una frase positiva como: "se permite permitir", y su simétrica negativa: "se prohíbe prohibir".)

Del plano complejo

Recordemos que los números naturales son los que nos sirven para contar:

$$1, 2, 3, 4, 5, 6, 7, 8, 9, 10, 11, 12,...$$

El resultado de sumar, multiplicar o elevar a cualquier potencia positiva estos elementos también pertenece al conjunto de los naturales. Algunas operaciones, no obstante, requieren un conjunto más amplio que el de los naturales. Por ejemplo, el resultado de restar 5 - 8 se encuentra en el conjunto de los enteros, que comprende, además de los naturales, los enteros negativos y el cero:

$$..., -8, -7, -6, -5, -4, -3, -2, -1, 0, 1, 2, 3, 4,...$$

Podemos sumar, multiplicar, restar y elevar a cualquier potencia positiva todos los elementos de este último conjunto sin necesitar otra clase de números, pero no podemos dividirlos sin echar mano de un nuevo conjunto, el de los racionales o fraccionarios, que, precisamente, se definen como una división de enteros:

$$2/3, -2/3, 1/2, -1/2, 11/23, -11/23,...$$

Tenemos ya un buen conjunto cuyos elementos podremos sumar, restar, multiplicar, dividir y hasta elevar a cualquier potencia (recordemos que un número elevado a una potencia negativa es igual a la unidad dividida entre el número elevado a la misma potencia pero con signo positivo: $6^{-4} = 1/6^4$). Pero todavía no podremos extraer todas las raíces sin ampliar el conjunto. La raíz cuadrada de 2, sea por caso, no se puede expresar como una división de enteros; tampoco el número π (3.1416...), ni la base e de los logaritmos naturales (2.7182...). Estos son números irracionales que junto con los racionales forman el conjunto de los reales. Este último puede representarse geométricamente como una recta horizontal que se extiende infinitamente hacia la izquierda y hacia la derecha. Si en esta recta se escoge un punto para representar el cero y otro para el número uno, tenemos lo que se conoce como recta numérica, en la que teóricamente pueden localizarse todos los números reales. Pero ni siquiera armados con el conjunto de los reales podremos obtener raíces pares de números negativos. ¿Cuál es la raíz cuadrada de -1? No hay ningún número real que multiplicado por sí mismo nos dé -1. La razón es la siguiente:

sabemos que al multiplicar, el producto tendrá signo negativo si los factores tienen distinto signo:

$$\boxed{+}\ \boxed{-} = \boxed{-}\ ;\ \boxed{+} \times \boxed{=}\ \boxed{-}$$

e inversamente tendrá signo positivo si los factores son del mismo signo:

$$\boxed{+} \times \boxed{+} = \boxed{+}\ ;\ \boxed{-} \times \boxed{-} = \boxed{+}$$

Así pues, al multiplicar un número por sí mismo el signo de los factores obviamente es el mismo y por lo tanto el producto tiene que ser positivo. Entonces, como no existe ningún real que al elevarlo al cuadrado resulte negativo, podríamos imaginar un número que cumpliera con esa condición. Es decir, podríamos pensar en un número de naturaleza extraña que al multiplicarlo por sí mismo diera como resultado -1. Esta es la unidad de los números imaginarios y se representa como i. Con la ayuda de este útil elemento podremos extraer la raíz cuadrada de todos los reales. Por ejemplo, la raíz cuadrada de -25 es igual a la raíz cuadrada de 25 por la raíz cuadrada de -1, es decir, 5i. Aquí tenemos una expresión que equivale a sumar cinco veces la unidad imaginaria. Los números imaginarios se pueden sumar entre sí igual que los reales, pero al sumar reales e imaginarios se obtiene lo que se conoce como números complejos, cuya forma general se representa como sigue:

$$a + bi$$

donde a y b son números reales, llamados la parte real y la parte imaginaria respectivamente. Cabe aclarar que cualquier número real es, en realidad, un número complejo de la forma $a + bi$, donde b es igual a cero. Los números complejos tienen la ventaja de que se pueden representar en un plano (llamado plano complejo o de

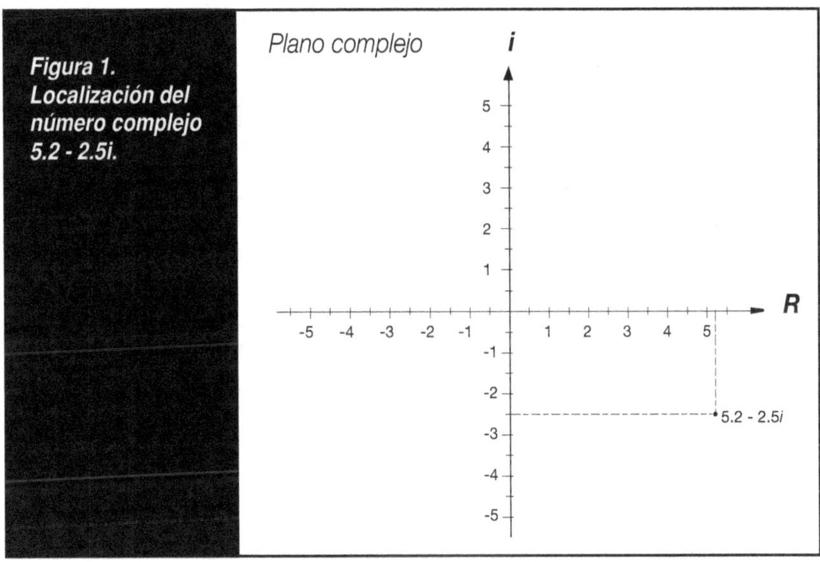

Argand) por medio de coordenadas. Así como la recta horizontal representa el conjunto de los reales, en el plano complejo la recta vertical representa el conjunto de los números imaginarios. La intersección de ambas rectas (o ejes) es el origen. Para representar un número complejo en el plano de Argand, localizamos a en el eje horizontal y b en el vertical, como hacemos con cualquier par ordenado (x, y) en el plano cartesiano. Por ejemplo, el número 5.2 - 2.5i se localiza en el plano como se muestra en la figura 1.

Entropía

La palabra entropía fue introducida en 1865 por el físico alemán Rudolph Clausius para referirse a la degradación de la energía, pero la palabra ha sufrido desde entonces muchos cambios de significado, algunos muy sutiles. El calor es por naturaleza la forma más desordenada de energía y la más difícil de aprovechar en su totalidad. Sólo cuando la temperatura de la fuente de calor es mayor que la temperatura de su ambiente puede realizar un trabajo (por ejemplo, transformándose en energía mecánica), y siempre se perderá una gran cantidad de calor en esa transformación. En cambio, la energía mecánica se convierte completamente en calor con gran facilidad.

La segunda ley de la termodinámica dice que la entropía de un sistema cerrado, es decir aislado, siempre aumenta o se conserva pero nunca disminuye. Cuando un sistema cerrado alcanza el equilibrio térmico se encuentra en un estado de máxima entropía. Si consideramos al Universo como un sistema cerrado, entonces su entropía siempre aumenta o se conserva. Por ello, durante el siglo pasado algunos científicos (entre ellos Lord Kelvin) pronosticaron que el Universo alcanzaría finalmente el equilibrio térmico. Por su parte, el físico escocés James Clerk Maxwell le dio a todo esto un tratamiento estadístico que lo llevó a definir la entropía como el grado de desorden de un sistema. Este método fue sumamente importante en la ciencia porque por primera vez se presentaba una ley que no era absoluta, estrictamente determinista, sino sólo probable, aunque de una manera abrumadora. Según este punto de vista el Universo se dirige muy probablemente al caos.

Supongamos que en un termo hay agua fría y vertemos otro tanto de agua pero ahora caliente. ¿Qué sucede ahí dentro? En el primer momento va a haber zonas calientes y frías más o menos delimitadas. Se dice entonces que este sistema tiene baja entropía. Pero las moléculas están en continuo movimiento, chocando unas con otras. Sabemos que las del agua caliente se mueven más rápido que las del agua fría, por lo tanto aquéllas van a golpear a éstas y a transmitirles su energía. ¿Cómo se da esta transmisión de energía? Para efectos prácticos podemos imaginar a las moléculas como bolas de billar que se mueven en todos sentidos.

En el billar, cuando una bola en movimiento choca con otra que está en reposo le transmite un impulso que dependerá de qué tan centrado sea el impacto. Cuando el golpe es exacto o "de lleno", la primera bola transmite toda su energía a la otra y entonces los papeles se invierten: la segunda bola, que estaba en reposo, adquiere la misma cantidad de movimiento que tenía la primera, que después de la colisión quedará inmóvil.

En el caso de nuestro sistema de agua fría y caliente no se trata de unas cuantas moléculas, sino de millones y millones de ellas que actúan entre sí en tres dimensiones y no sólo en dos como en el billar. Aunque nadie pueda saber cuáles son las trayectorias de todas las moléculas, cualquiera puede deducir que, a fuerza de choques, terminarán por tener todas aproximadamente la misma cantidad de movimiento, es decir, el agua tendrá una temperatura uniforme. En este estado su entropía es máxima porque el desorden es total.

El orden, en el sentido popular de la palabra, no es un concepto absolutamente objetivo, tiene su margen de subjetividad, como cuando una persona puede encontrar cualquier libro que necesite en sus aparentemente caóticos libreros. Entonces ¿cómo puede hablarse de máximo desorden si lo que para unos es desorden para otros es orden? Sin embargo, orden y desorden no son conceptos intercambiables. En el caso de los libreros aparentemente caóticos, podría suceder que en realidad estuvieran ordenados de acuerdo con un código o una clave. Supongamos que el individuo revela que sus libros están ordenados alfabéticamente, pero considerando el apellido como una palabra invertida. Revelado el secreto, el orden se hace patente y todos estarán de acuerdo en que sí hay, pues, un orden. Pero no compliquemos más las cosas, el desorden molecular es un concepto más objetivo y explicable.

Supongamos ahora que en una caja de cartón tenemos un montón de canicas azules que ocupan la mitad izquierda de la caja y otro montón de canicas rojas en la mitad derecha. El sistema es bajo en entropía, está ordenado, porque todas las canicas de cada color se encuentran juntas. Si agitamos la caja, las canicas comenzarán a desacomodarse, algunas de las azules se moverán hacia la parte derecha de la caja, y viceversa. Conforme agitemos con mayor fuerza la caja, el desorden tenderá a aumentar hasta alcanzar un máximo cuando todas las canicas estén completamente entremezcladas.

¿Cómo se sabe que un sistema ya alcanzó el estado de máxima entropía? Veamos algunos números para aclararlo. Supongamos que en la caja hay 16 canicas de cada color y que esas 32 la llenan por completo. Si en el estado inicial de entropía mínima, las canicas rojas se revolvieran entre sí y las azules hicieran lo propio, el estado no cambiaría, seguiría siendo ordenado. Es más, si suponemos que las canicas de cada color son idénticas, no podríamos distinguir que una o la otra ocupara un cierto lugar. Así pues, tenemos una gran cantidad de diferentes posibilidades que nos dan el mismo resultado. ¿Qué cantidad es ésta? Para calcularla razonamos de la siguiente manera. Cualquiera de las 16 canicas rojas puede ocupar cualquiera de los 16 espacios disponibles en la mitad derecha de la caja. Eso quiere decir que hay 16 maneras diferentes de que una canica quede colocada en esa zona. ¿De cuántas maneras podrán colocarse dos canicas? En cada una de las 16 posiciones de la primera canica, la segunda puede colocarse en cualquiera de las 15 restantes; sólo multiplicamos 16 por 15 y sabremos que hay 240 maneras diferentes. Si continuamos con este razonamiento nos será fácil calcular la cantidad total de diferentes posiciones que puede tener el conjunto de canicas rojas:

$$16 \times 15 \times 14 \times 13 \times 12 \times \ldots \times 4 \times 3 \times 2 \times 1 = 2.09 \times 10^{13}$$

es decir, ¡casi 21 billones de diferentes maneras de disponer un conjunto, y todo para que finalmente ni se note!

(Para representar una operación que consiste en multiplicar un número natural por todos los demás naturales que lo preceden, los matemáticos usan la notación factorial, formada por el núme-ro mayor de la serie seguido de un signo de admiración que cie-rra. La multiplicación que acabamos de hacer se expresa 16!, se lee "dieciséis factorial" y es igual a 2.09×10^{13}.) Pero a cada una de estas billones de maneras en que se pueden acomodar las canicas rojas le corresponde igual número de maneras en que se pueden colocar las azules. En total habrá 16! $\times$ 16! = 4.37×10^{26} maneras diferentes. Pues bien, esta cantidad enorme es una insignificancia, pues no representa ni siquiera la cienmillonésima parte de la cantidad total de maneras en que se pueden colocar las 32 canicas (32!) dentro de la caja. Es decir,

$$16!^2 \,/\, 32! = (4.37 \times 10^{26}) \,/\, (2.63 \times 10^{35}) = 1 \,/\, 601\,080\,390 =$$
$$0.0000000016636$$

Esto significa que si cerramos la caja y la agitamos en todas direcciones, la probabilidad de que las canicas queden en la posición inicial, sin importar cómo se acomoden las de cada color en sus respectivas mitades de la caja, es igual a 1/601 080 390. (Para efectos de comparación consideremos la probabilidad de "pegarle al gordo" en la Lotería, que es 1/50 000, si se compra un solo número y se juega sólo una vez.) Lo más sorprendente es que éstas son las probabilidades para un conjunto de 32 elementos; para uno de 128, la probabilidad sería de sólo $1/2.39 \times 10^{37}$. Recordemos que en un vaso de agua, la cantidad de moléculas es enorme (aproximadamente de 6×10^{24} en 180 ml), y la probabilidad de que el sistema se ordene por puro azar disminuye exponencialmente con cada elemento que se le agregue al conjunto.

Agitar la caja de canicas provoca en este sistema un efecto equivalente al del tiempo en los movimientos de las moléculas de agua en el sistema cerrado que comentamos arriba. Ahora ya se ve más claro por qué la entropía aumenta con el tiempo. Nada impediría que disminuyera, pero la probabilidad de que esto suceda es absolutamente insignificante.

Fractales

La irregularidad de una línea puede llegar a ser tan compleja que medir su longitud sea difícil, cuando no imposible, y probablemente inútil.

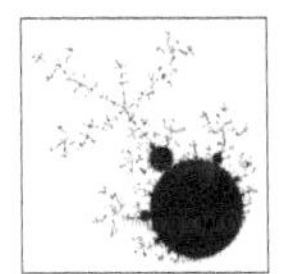

Imaginemos que viajamos en un barco y avistamos una isla perdida en el inmenso mar. Queremos saber cuánto mide su línea costera, así que la rodeamos con el barco y vamos midiendo nuestro recorrido para obtener la longitud buscada. Se nos ocurre que sería bueno comprobar que el dato es correcto, para lo cual repetimos la maniobra pero ahora en un pequeño bote, con el que podemos rodear caletas y caletillas, y no sólo bahías como con el barco. Así pues, obtenemos una medida mayor que la anterior. ¿Y si hacemos el recorrido a pie y medimos con una vara de dos metros? Lógicamente la longitud de la línea costera será aún mayor que la que obtuvimos con el bote, y aun así se nos escaparán miles de minicaletas. Para abarcarlas todas tendríamos que reducir el tamaño de nuestra regla, pero siempre quedarían millones de microcaletas que escaparían a nuestro intento de medirlas. Es decir que conforme reducimos el tamaño de nuestro instrumento de medición, vamos teniendo acceso a irregularidades cada vez más pequeñas de la línea costera y, por lo tanto, el dato de la longitud de dicha línea va aumentando. Veamos un caso concreto para explicar por qué la longitud depende del instrumento de medición.

¿Cuánto mide la frontera entre México y Estados Unidos? Esta es una pregunta que, al parecer, podríamos responder fácilmente si nos tomamos la mínima molestia de consultar una enciclopedia, una cartografía, un almanaque, etc., pero antes de hacerlo detengámonos un poco a pensar cómo podríamos medir una frontera. En un mapa de México, dibujado a una escala de, digamos, 1:15 000 000, tratemos de seguir la línea fronteriza con la ayuda de un hilo. Dependiendo del cuidado con el que realicemos la operación, el resultado variará entre 15 y 16 cm que equivaldrían a 2 250 y 2 400 km, respectivamente. Pero si utilizamos un mapa dibujado a una escala menor, digamos, 1:3 000 000, nuestro hilo no va a medir 5 veces más que en el caso anterior (como sería de esperar por tratarse de una escala 5 veces menor) sino un poco más. ¿Por qué? Porque al reducir la escala, aumenta no solamente el tamaño del dibujo sino también el detalle de la línea fronteriza, y por lo tanto aparecen nuevas irregularidades que en la otra escala no se podían apreciar. El hecho de que las mediciones a distintas escalas no coincidan se debe exclusivamente a la irregularidad de las líneas. Las fronteras son irregulares sólo cuando son naturales. La frontera entre México y Estados Unidos, por ejemplo, es irregular en su parte oriental (desde el Golfo de México hasta Ciudad Juárez), que está determinada por el curso del Río Bravo; su parte restante está formada por líneas rectas imaginarias. Estas últimas, por supuesto, conservan su proporción a cualquier escala. Entonces, ya sabemos por qué no es fácil encontrar un dato fijo para la longitud de las líneas fronterizas. En casos extremos resultan diferencias hasta de un 20% en los datos que proporcionan distintos países para la misma frontera que los separa, como sucede entre España y Portugal.

La irregularidad de una línea puede llegar a ser tan compleja que medir su longitud sea difícil, cuando no imposible, y probablemente inútil. En estos casos podría convenir más una nueva magnitud: la dimensión fractal. (El término fractal deriva del latín fractus, que significa 'quebrado', pero también connota cualidades de fraccional y fragmentario.) Esta nueva magnitud cambia un poco nuestro viejo esquema de dimensiones enteras. Sabemos que el punto no tiene dimensiones; la línea es unidimensional; la superficie, bidimensional; el cuerpo, tridimensional. Imaginemos ahora una curva con una forma tan compleja que toque todos los puntos de un plano pero que nunca se cruce consigo misma. Esto fue lo que hizo el profesor turinés Giuseppe Peano en 1890 cuando ideó la curva que lleva su nombre (véase figura 2). La curva de Peano asustó a los matemáticos de la época, a quienes les costaba trabajo aceptar que una línea, que tiene una dimensión, tocara todos los puntos de un plano, que tiene dos. Llegaron a referirse a esa curva como a un "monstruo de las matemáticas". ¿Y qué dimensión tiene, pues, esa curva? Su dimensión fractal es igual a 2. Otras curvas menos complejas tienen dimensiones fractales menores, comprendidas entre 1 y 2.

Más adelante veremos cómo se obtiene la dimensión fractal de

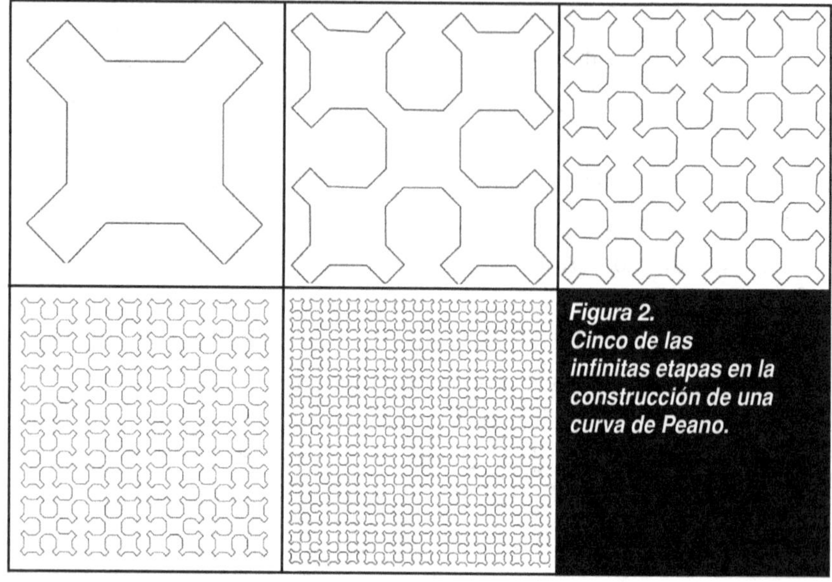

Figura 2.
Cinco de las infinitas etapas en la construcción de una curva de Peano.

algunos objetos matemáticos (figuras de Sierpinski, conjunto de Cantor, isla de Koch, esponja de Menger). Por ahora seguiremos conociendo las propiedades de los fractales. El descubridor de la geometría fractal, el matemático francés Benoit Mandelbrot (n. 1924), dice:

Un aspecto de los fractales que al principio me sorprendió muchísimo, y que sigue maravillándome ahora, es que la gente responde a los fractales de un modo profundamente emocional. O les gustan o les tienen aversión, pero en cualquier caso la intensidad de la emoción no tiene nada que ver con el fastidio que la mayoría de la gente siente ante la geometría clásica.

(La palabra fractal, tecnicismo que no aparece en los diccionarios, se usa como adjetivo y como sustantivo; algunos la consideran masculina y otros femenina.) Aunque se basa en ideas muy antiguas, la geometría fractal no surgió sino hasta la década de los setenta de este siglo. La razón es que para analizar muchas de las figuras fractales, o más bien para desarrollar las fórmulas que las producen, se requieren cálculos que implican miles de operaciones, tarea ingrata, si no imposible, sin la ayuda de la computadora. Si bien en este sentido podría pensarse en los fractales como entidades muy complejas, las fórmulas para producirlos suelen ser de una sencillez apenas creíble. Se basan en el concepto matemático llamado *iteración*, que vimos en el capítulo 2.

Ahora veamos otra propiedad de los fractales: la autosimilitud o autosemejanza.

Un ejemplo sencillo de fractal lo obtenemos si en el centro de una hoja blanca trazamos una *x* pequeña, luego otras cuatro *x* del mismo tamaño alrededor y cuatro más para formar una *x* más grande. Con esta *x* recién construida repetimos el procedimiento anterior para obtener una *x* más grande aún, y así sucesivamente. A cualquier escala que escogiéramos para ver nuestro fractal, aparecería una *x* hecha de varias *x* (véase figura 3). El helecho que aparece en la figura 4 es un ejemplo más rico e interesante del mismo principio. Figuras fractales más complicadas son, por ejemplo, la junta y la alfombra de Sierpinski, la esponja de Menger y la isla de Koch (también conocida como copo de nieve). La primera, inventada por el matemático polaco Wac-

Figura 3.
Equis que forman equis que forman equis...

Figura 4.
Helecho fractal.
Obsérvese cómo cada
hojita tiene la misma
forma de la figura entera.

law Sierpinski, se obtiene de un triángulo equilátero al cual se le quita su parte central en forma de triángulo equilátero también, pero inversamente orientado respecto del primero. Es decir, se unen los puntos medios de los lados de este primer triángulo, y el nuevo triángulo así obtenido se extrae del original. El resultado de esta operación será un triángulo original dividido en tres triángulos igualmente orientados y uno inverso (el que se quitó), todos equiláteros (véase figura 5). (Obsérvese que los lados de los triángulos resultantes miden la mitad de los del triángulo original.) En cada uno de los tres triángulos igualmente orientados se repite la operación anterior. Los nueve triángulos resultantes se someten, a

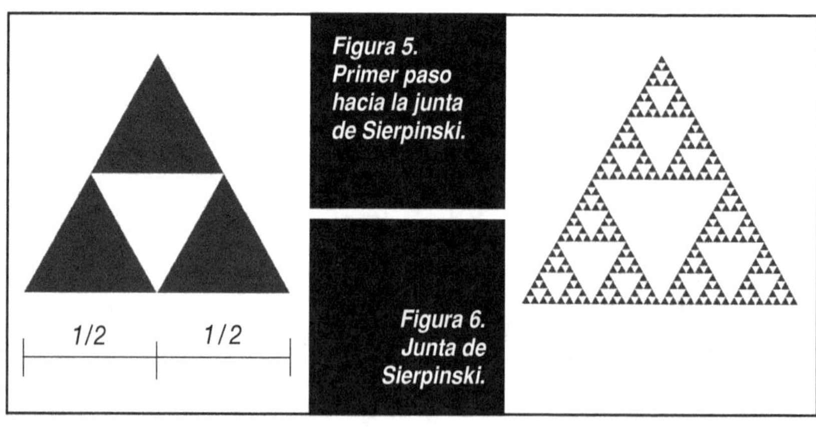

Figura 5.
Primer paso
hacia la junta
de Sierpinski.

Figura 6.
Junta de
Sierpinski.

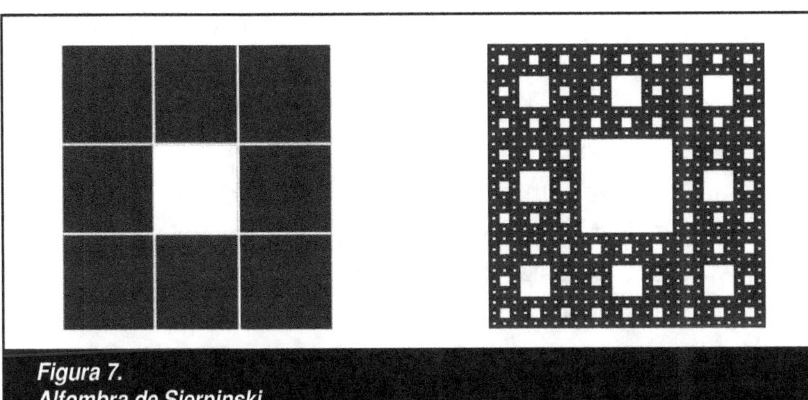

Figura 7.
Alfombra de Sierpinski.

su vez, a la misma operación, y así el procedimiento se repite indefinidamente (véase figura 6)6 La alfombra de Sierpinski es parecida sólo que no se construye con triángulos sino con cuadrados. El primero se divide en nueve cuadrados de los que se extrae el central (véase figura 7). La esponja de Menger es la versión tridimensional de la alfombra (véase figura 8).

Por su parte, la isla de Koch, construida por la matemática sueca Helge von Koch, también sigue un proceso iterativo:

Figura 8.
Esponja de Menger.

comienza con un triángulo equilátero, a cada uno de cuyos lados se le agrega un triángulo equilátero reducido, a cada uno de cuyos lados se le agrega un triángulo equilátero reducido, a cada uno de cuyos lados se le agrega un triángulo equilátero reducido... (no se crea que hay un error de imprenta, simplemente queremos destacar lo repetitivo del procedimiento). En cada paso, los lados de los triángulos agregados miden la tercera parte de los del paso anterior.

El perímetro de una isla de Koch (véase figura 9) resulta entonces infinito a pesar de que encierra un área finita y menor que la del círculo en que el triángulo original quedaría inscrito (véase figura 10). Pero démosle un poco de soporte a nuestras atrevidas afirmaciones. Si al construir una isla de Koch comenzamos con un triángulo que mida un metro de lado, el perímetro será igual a tres metros (el área será, entonces, de 0.433 m^2). En el primer paso, a cada una de las tres líneas le vamos a agregar un triángulo, es decir cada línea se va a convertir en cuatro líneas que medirán 1/3 de la original, como se ve en la figura 11; si repetimos esta

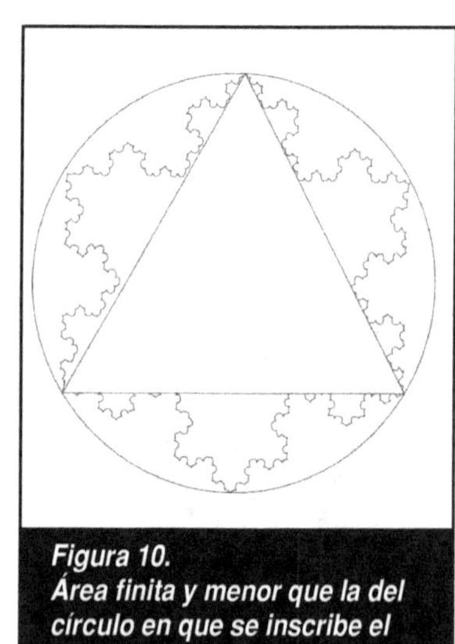

Figura 9.
Perímetro de la isla de Koch.

Figura 10.
Área finita y menor que la del círculo en que se inscribe el triángulo original.

operación una y otra vez, lo que aritméticamente suce-de es que estamos multiplicando el número de líneas por cuatro, pero dividiendo el tamaño de cada una entre tres. El resultado es que en cada paso el perímetro va a multiplicarse por 4/3, es decir, 1.33333. Si el número de pasos es infinito, el perímetro también lo será. El área, en cambio, sólo va a aumentar en

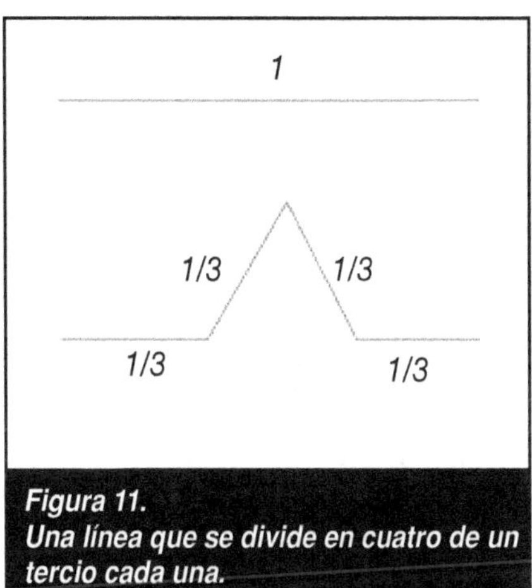

Figura 11.
Una línea que se divide en cuatro de un tercio cada una.

cada paso una cantidad exponencialmente decreciente, por lo que tiende a un límite cuando el número de pasos tiende a infinito. Veamos por qué. Si tenemos un área cualquiera y le sumamos la mitad de esa área, luego la mitad de esa mitad, después la mitad de la mitad de esa mitad y así sucesivamente, nunca llegaremos a un área total igual al doble de la original, puesto que siempre vamos agregando la mitad de lo que nos falta para llegar a ella. Es decir:

$$1 + 1/2 + 1/4 + 1/8 + 1/16 + ... + 1/2^n < 2 \qquad [1]$$

Esta es una suma de una cantidad infinita de elementos cuyo resultado nunca llegará a ser igual a dos aunque se aproxime siempre a ese número. En cálculo se dice que el *límite* de esta suma es igual a dos.

Algo similar sucede con la isla de Koch. Empezamos con un triángulo (que llamaremos triángulo original). A cada uno de sus lados le agregamos un triángulo con un área igual a 1/9 de la original (véase figura 12). Es decir que en el primer paso tenemos un área igual a 1 + 1/3. (Téngase en cuenta que estas cantidades

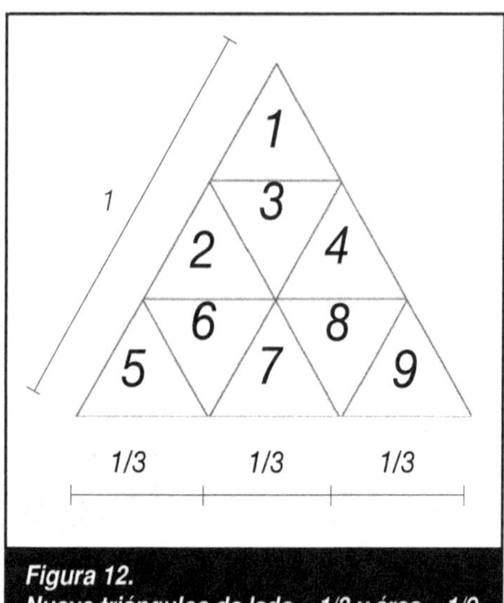

Figura 12.
Nueve triángulos de lado = 1/3 y área = 1/9.

están referidas al área del triángulo original, es decir, representan el número de veces de esa área, que en nuestro ejemplo es, como vimos arriba, 0.433 m^2.) En el segundo paso, como hay doce líneas, agregaremos doce triángulos, cada uno de ellos con un área equivalente a 1/9 de la de cada triángulo agregado en el primer paso y 1/81 del área original. Así tenemos:

$$1 + 1/3 + 4/27$$

(4/27 es el resultado de simplificar la fracción 12/81), y en los subsiguientes pasos vamos a ir agregando un área que mida 4/9 de lo que mide el área agregada en el paso inmediatamente anterior. Nuestra suma se podría representar así:

$$1 + 1/3 + 4/27 + 16/243 + 4^3/(3)(9^3) + ... + 4^n/(3)(9^n) \qquad [2]$$

El límite de esta suma debe ser menor que el de [1]. ¿Por qué? Porque si comparamos los elementos de ambas sumas nos percataremos de que los de [2] son menores que los de [1] (salvo el primer elemento, que en ambas es 1), es decir:

$$1/3 < 1/2; \quad 4/27 < 1/4; \quad 16/243 < 1/8 \text{ y } 4^n/(3)(9^n) < 1/2^n$$

En efecto, aplicando cálculo infinitesimal, tenemos que el límite de nuestra suma es igual a 1.6. El área de la isla de Koch que venimos calculando va a medir entonces 1.6 veces lo que mide la del triángulo original:

$$0.433 \text{ m}^2 \times 1.6 = 0.6928 \text{ m}^2$$

mientras que el área del menor círculo que contiene al triángulo original (es decir, del círculo en que se inscribe dicho triángulo) es de poco más de un metro cuadrado (1.042 m^2).

Ahora sí ya podemos concluir que tenemos un área finita cuyo perímetro es infinito. Hay que tener en cuenta, sin embargo, que el perímetro es infinito en el concepto matemático conocido como isla de Koch, y no en la figura que lo representa, puesto que ésta solamente puede estar sometida a un número finito de pasos (véase figura 13).

Pero todo esto de los fractales ¿tiene algo que ver con la realidad que nos rodea?

En cierto sentido puede decirse que pocas cosas nos rodean

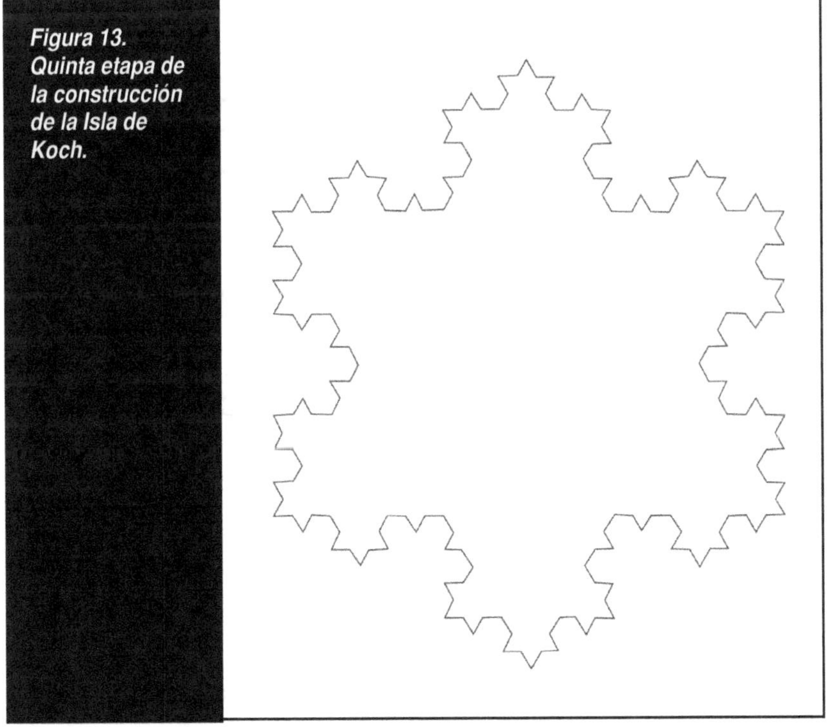

Figura 13.
Quinta etapa de
la construcción
de la Isla de
Koch.

tanto como nuestro sistema circulatorio. En un manual de anatomía se advierte claramente que en la misma forma en que se ramifican las venas y arterias lo hacen los vasos sanguíneos, desde los más grandes hasta los capilares. Se trata, pues, de una característica que hemos venido tratando en este capítulo: la autosemejanza. Muchos otros objetos de la naturaleza tienen también esta característica: el curso de los ríos, las turbulencias, las soluciones coloidales, las circunvoluciones del cerebro humano, la ramificación de los árboles, el pulso cardiaco, los pulmones y los bronquios, las costas marítimas, las cadenas montañosas, las formas de las nubes, las flores, la distribución de las galaxias. Todos estos objetos pueden ser representados por medio de figuras fractales. Sin embargo, se trata de aproximaciones a las formas naturales y no de una representación exacta. Esto es así porque la autosimilitud que se encuentra en la naturaleza no es exacta (como sí lo es la del helecho fractal o la de la isla de Koch) ni simétrica (como sí lo es, además de la de los objetos mencionados, la del conjunto de Mandelbrot, que veremos más adelante). Así pues, para que las figuras fractales se parezcan más a las formas reales de la naturaleza es necesario introducir algún valor aleatorio en los programas que las producen. Es importante señalar que la característica fractal de ciertos objetos naturales se presenta *únicamente* en un número finito de escalas. Una costa, sea por caso, presenta una línea muy parecida si se dibuja en escalas diferentes, pero si la escala aumenta mucho desaparece la línea autosimilar y todo se convierte en granos de arena, o bien, si se reduce mucho la escala aparecerá entonces la figura del planeta. Esta finitud en la irregularidad de las líneas naturales es lo que explica por qué no pueden considerarse estrictamente infinitas las líneas costeras y fronterizas.

Las figuras fractales que más sorprenden por su belleza y complejidad son las que se forman en los monitores (sobre todo los de color) de las computadoras. Dos de los objetos fractales más conocidos son los conjuntos de Julia y el conjunto de Mandelbrot. Ambos se construyen iterando la función:

$$f(z) = z^2 + c$$

donde z y c son números complejos.

Veamos cómo se forma toda la complicada y sorprendente estructura de un conjunto de Julia. Cuando con la ayuda de una computadora se itera la función $f(z) = z^2 + c$, las órbitas de los distintos valores que se le asignen al número complejo z pueden crecer sin límite o mantenerse dentro de un intervalo limitado (como vimos en los ejemplos de iteraciones que pusimos en el capítulo 2). El conjunto de las diferentes órbitas del número complejo z que permanecen limitadas para un mismo valor del número complejo c se llama conjunto de Julia y se simboliza como K_c (el nombre de este conjunto está tomado del matemático francés Gaston Julia, quien estudió a principios de siglo la iteración de funciones). Veamos esto con un ejemplo. Obtengamos la primera iteración de la función:

$$f(z) = z^2 + (-0.5 + 0.5i)$$

es decir, donde $c = -0.5 + 0.5i$. Escogemos un número complejo z para comenzar la iteración, digamos 0. Entonces (recordemos que la primera iteración es la función misma), tenemos que:

$$f^{[1]}(z) = 0^2 - 0.5 + 0.5i = -0.5 + 0.5i,$$

y que:

$$f^{[2]}(z) = (-0.5 + 0.5i)^2 + (-0.5 + 0.5i) =$$
$$= (0.25 - 0.5i + 0.25i^2) + (-0.5 + 0.5i)$$

pero recordemos que $i^2 = -1$, por lo que $0.25i^2$ es igual a $(0.25)(-1)$, es decir, -0.25. Entonces nuestro resultado será:

$$f^{[2]}(z) = -0.5$$

Con la ayuda de una computadora podemos obtener fácilmente los resultados de las iteraciones que requiramos. En la siguiente tabla se muestra parte de las órbitas de dos valores distintos de z. (Comenzamos con $f^{[3]}(z)$ porque en el ejemplo de arriba obtuvimos $f^{[1]}(z)$ y $f^{[2]}(z)$ para $z = 0$; $f^{[1]}(z)$ y $f^{[2]}(z)$ para $z = 0.5 + 0.2i$ lo dejamos de tarea al lector interesado.)

	$z = 0$	$z = 0.5 + 0.2i$
$f^{[3]}(z) =$	$-0.25 + 0.5i$	$0.31182 + 0.32969i$
$f^{[4]}(z) =$	$-0.6875 + 0.25i$	$-0.51147 + 0.70561i$
$f^{[5]}(z) =$	$-0.08984 + 0.15625i$	$-0.73629 - 0.22179i$
$f^{[6]}(z) =$	$-0.51634 + 0.471923i$	$-0.0070731 + 0.82660i$
$f^{[7]}(z) =$	$-0.45610 + 0.012651i$	$-1.1832 + 0.48831i$
$f^{[8]}(z) =$	$-0.29213 + 0.488459i$	$0.66155 - 0.65554i$
$f^{[9]}(z) =$	$-0.65325 + 0.214612i$	$-0.49209 - 0.36735i$
$f^{[10]}(z) =$	$-0.11932 + 0.219607i$	$-0.39280 + 0.86153i$
$f^{[11]}(z) =$	$-0.53399 + 0.447592i$	$-1.0880 - 0.1768i$
$f^{[12]}(z) =$	$-0.41519 + 0.021979i$	$0.65238 + 0.88473i$
$f^{[13]}(z) =$	$-0.32809 + 0.481748i$	$-0.85715 + 1.6544i$
$f^{[14]}(z) =$	$-0.62443 + 0.183879i$	$-2.5022 - 2.3361i$
$f^{[15]}(z) =$	$-0.14389 + 0.270359i$	$0.30373 + 12.191i$
$f^{[16]}(z) =$	$-0.55238 + 0.422193i$	$-149.02 + 7.9053i$
$f^{[17]}(z) =$	$-0.37311 + 0.033570i$	$22143 - 2355.6i$
$f^{[18]}(z) =$	$-0.36191 + 0.474949i$	$4.84 \times 10^8 - 1.04 \times 10^8 i$
$f^{[19]}(z) =$	$-0.59459 + 0.156220i$	$2.24 \times 10^{17} - 1.01 \times 10^{17} i$
$f^{[20]}(z) =$	$-0.17086 + 0.314224i$	$4 \times 10^{34} - 4.533 \times 10^{34} i$

Estas primeras 20 iteraciones nos permiten hacer algunas observaciones. Cuando $z = 0$, la parte real del número complejo obtenido en cada paso es negativa mientras que la parte imaginaria es positiva, es decir que todos los puntos que representan los resultados de las iteraciones en el plano complejo caen en el segundo cuadrante (el superior izquierdo en el plano). Tanto la serie de la parte real como la de la imaginaria, a pesar de que parecen un poco caprichosas (puesto que resulta prácticamente imposible predecir cuál será el siguiente número de las series), se mantienen en un intervalo entre -1 y 1, y no parece haber razones para creer que las demás iteraciones vayan a salirse de este intervalo.

En cambio, cuando $z = 0.5 + 0.2i$, la órbita se comporta de manera muy extraña (parece haber enloquecido) y se escapa hacia el infinito, dando bandazos de aquí allá por los cuatro cuadrantes del plano.

Ahora vamos a ver qué hace la computadora con estos resultados. Sabemos, por la definición que dimos arriba y por la tabla que acabamos de analizar, que la órbita de 0 pertenece al conjunto de Julia de la función $f(z) = z^2 - 0.5 + 0.5i$, mientras que la órbita de $0.5 + 0.2i$ queda fuera de él. La computadora hace una cantidad extraordinaria de operaciones para encontrar las órbitas que forman parte del conjunto. En la pantalla de la computadora aparecerá un punto negro (podría ser de cualquier color) en el sitio del plano complejo que corresponda a cada iteración de las órbitas que pertenecen al conjunto. En la figura 14 hemos localizado los 20 puntos que corresponden a las primeras veinte iteraciones de nuestro ejemplo para $z - 0$. Tanto la cantidad de puntos que va a colocar la computadora por cada órbita, como la cantidad de iteraciones que va a realizar para determinar si una órbita tiende al infinito o permanece limitada, así como la velocidad con la que va a ir presentando las figuras, y muchas otras variables, dependen del programa, del poder de la computadora y de otras circunstancias. Pero eso no es lo que nos interesa aquí,

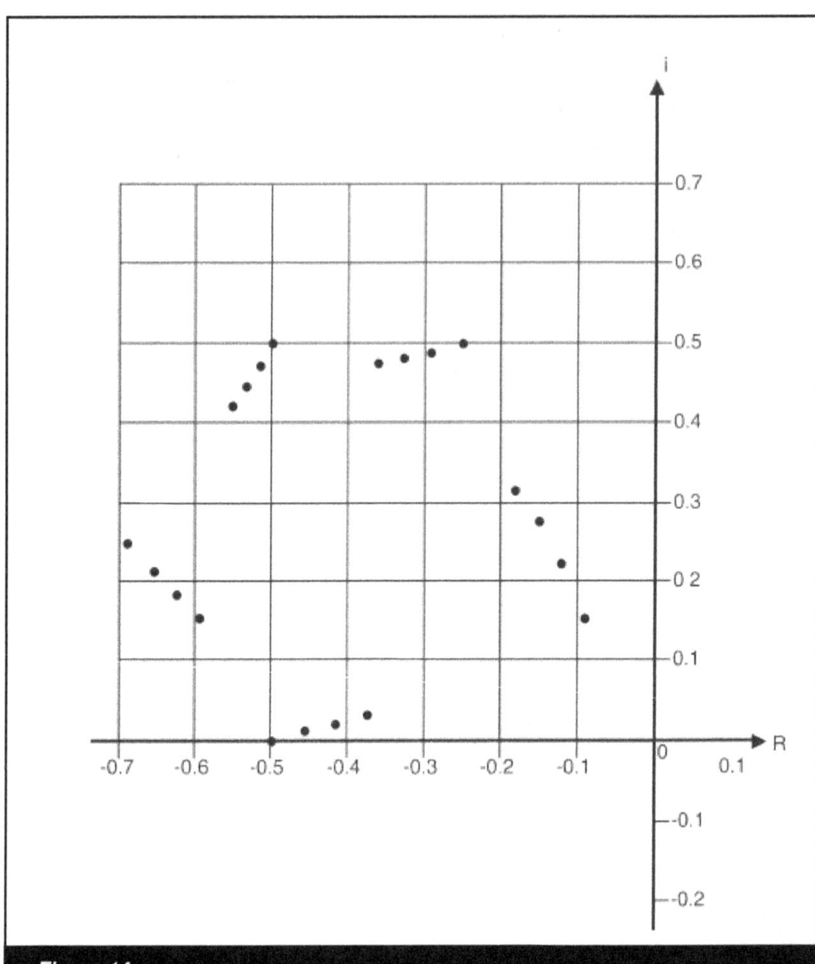

Figura 14.
Localización de 20 números complejos, obtenidos al iterar la función
$f(z) = z^2 -0.5 + 0.5i$, para $z = 0$.

sino el hecho de que la forma y la rica estructura de las figuras no dependen de ninguno de los elementos que acabamos de mencionar. Por supuesto, mientras mayor sea la cantidad de puntos, mayor será el detalle.

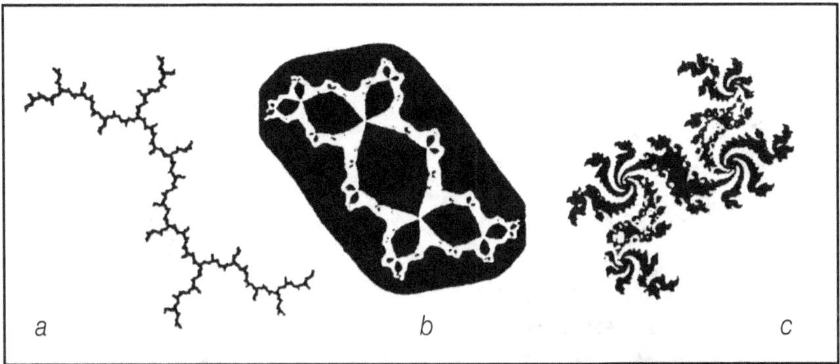

Figura 15.
Conjuntos de Julia. a) Dendrita. b) Conejo. c) Dragón.

El conjunto de Julia es, pues, una porción limitada del plano complejo, que adopta formas muy variadas dependiendo de los valores de c: algunas parecen filamentos o nervios (figura 15a), otras conejos (figura 15b), otras más dragones (figura 15c), etc. Tenemos entonces que cuando se le asigna un valor diferente a c, se obtiene un conjunto de Julia distinto (siempre que se encuentren órbitas limitadas, por supuesto), o lo que es lo mismo, a cada conjunto de Julia le corresponde una única c. Los conjuntos de Julia se dividen en dos grandes grupos: los conexos (figura 16a), constituidos por una sola pieza (como un continente), y los inconexos (figura 16b), constituidos por muchas partículas separadas (como un archipiélago). El conjunto de todos los conjuntos de Julia conexos es lo que se conoce como *conjunto de Mandelbrot* y se denota M (véase figura 17). (Cabe aclarar que hemos venido llamando *conjunto de Julia* a lo que los matemáticos conocen como conjunto de Julia relleno —rempli en francés— y que denotan K_c. La aclaración es justa porque también existe lo que se conocen como *conjunto de Julia propiamente dicho*, que se denota J_c y que es la frontera de K_c un ejemplo del cual se aprecia en la figura 18.)

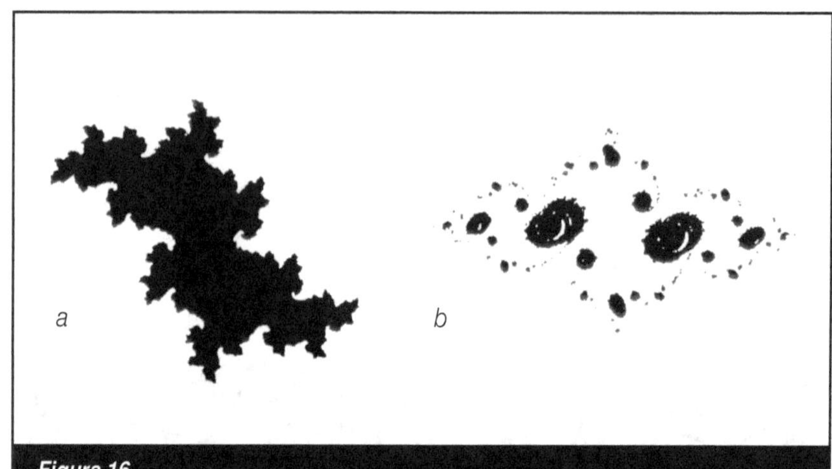

Figura 16.
Conjuntos de Julia. a) Conexo. b) Inconexo.

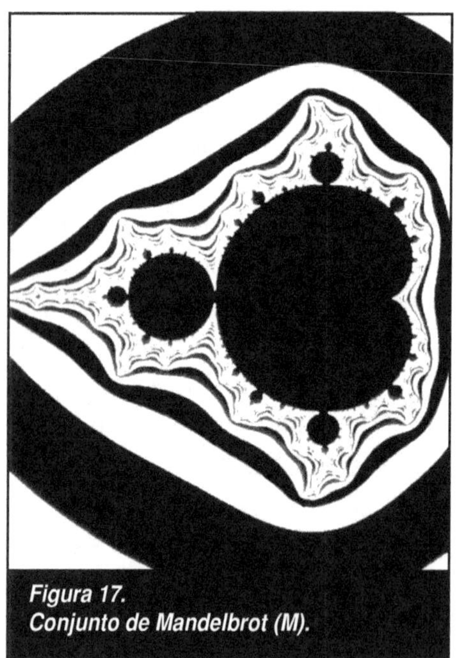

Figura 17.
Conjunto de Mandelbrot (M).

Así pues, para obtener el conjunto de Mandelbrot en el monitor de una computadora, se requiere un programa que grafique las iteraciones de la función compleja $f(z) = z^2 + c$. El programa procede, en términos generales, como sigue: elige un valor para c y busca las órbitas limitadas para encontrar el conjunto de Julia que corresponda a esa c; si dicho conjunto es conexo, entonces esa c pertenece al conjunto de Man-

delbrot y por lo tanto el progra
ma lo representará con un punto
negro en el plano complejo.
¿Cómo saber si un conjunto de
Julia es conexo o inconexo?
¿Acaso la computadora tiene
que encontrar todas las órbitas
limitadas para poder determinar si la figura que se forma es
conexa o no? En 1982, dos matemáticos (el francés Adrien
Douady y el estadounidense
John Hubbard) demostraron

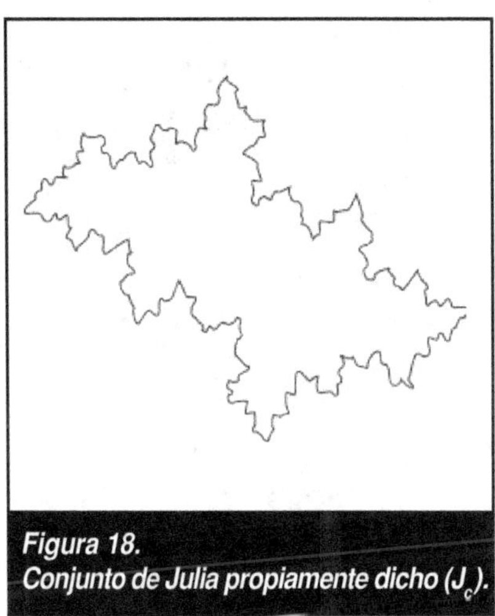

Figura 18.
Conjunto de Julia propiamente dicho (J_c).

que si la órbita de cero para una función determinada permanece
limitada, entonces esa órbita pertenece a un conjunto de Julia
conexo. En nuestro ejemplo de arriba vimos que la órbita de cero
para $f(z) = z^2 - 0.5 + 0.5i$ se mantiene limitada, por lo tanto el
punto $c = -0.5 + 0.5i$ pertenece a M. Con esto se simplifican los
cálculos que debe realizar la computadora para formar este conjunto. Otra simplificación se basa en el teorema según el cual el
conjunto de Mandelbrot contiene todas las c cuyo valor absoluto
es menor o igual a 0.25. En el plano, esto significa que el círculo
de radio igual a 0.25 con centro en el origen pertenece, completito,
al conjunto. Por lo tanto, la computadora no va a perder tiempo
buscando en esa zona, sino a partir de ella pero sin salirse de un
círculo de radio igual a 2, también con centro en el origen. Esto
último se debe a otro teorema que establece que si c pertenece a
M entonces el valor absoluto de c es menor o igual a 2.

Se distinguen, así, dos planos complejos: el de la variable z,
donde se sitúan los conjuntos de Julia, y el de los parámetros c,
para el conjunto de Mandelbrot.

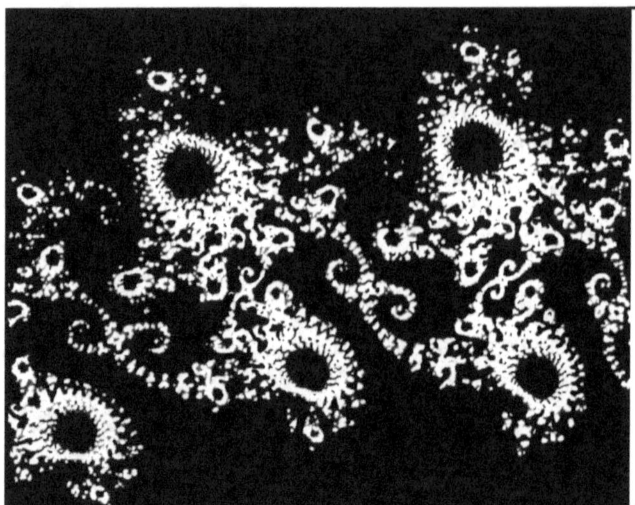

Para enriquecer visualmente estas figuras, se pueden asignar, por ejemplo, distintos colores a las diferentes velocidades con las que las órbitas tienden al infinito. Dependerá de la creatividad del programador la belleza del colorido, pero no la de la forma que, como ya vimos, no depende más que de las entrañas mismas de las matemáticas. El conjunto de Mandelbrot tiene una estructura infinitamente compleja, aunque se requieren computadoras muy veloces para examinarla con detalle (sobre todo en su zona fronteriza que es la parte más interesante) a escalas cada vez más reducidas (véase figura 19). Una de las sorpresas que nos depara este conjunto cuando se magnifica es que aparecen "conjuntitos" de Mandelbrot en distintos sitios (véase figura 20). Estas pequeñas copias de la figura global no son idénticas a ella, sino que están ligeramente deformadas. Cada pequeña copia puede contener, a su vez, una copia aún más pequeña, también deformada, y así sucesivamente. Según un matemático japonés, Mitsuhiro Shishikura, la dimensión fractal de esta frontera es igual a dos, lo cual significa que llena el espacio casi como una superficie, aunque esto ya no nos sorprende tanto después de haber conocido la curva de Peano y otras curiosidades matemáticas.

Hay muchos matemáticos dedicados al estudio de este tipo de iteraciones, que discuten hipótesis sumamente interesantes. Muchas de las propiedades del conjunto de Mandelbrot y de los conjuntos de Julia son, hoy todavía, objeto de investigación en diversas partes del mundo.

Veamos ahora lo que es el tiempo fractal o, mejor dicho, un comportamiento fractal en el tiempo.

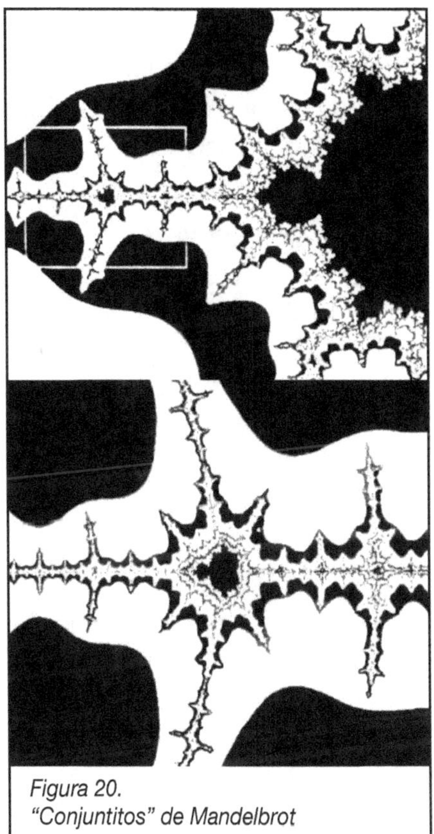

Figura 20.
"Conjuntitos" de Mandelbrot

Supongamos que en una línea de transmisión de señales eléctricas se presentan ruidos intermitentes. Lo primero que notamos es que la intermitencia no es regular y, después, que la irregularidad tampoco es regular (como sí lo sería si se alternaran por ejemplo dos periodos con intermitencias diferentes, digamos: cinco ruidos cada cinco segundos, tres ruidos cada dos segundos, y luego otra vez cinco cada cinco y tres cada dos, y así sucesivamente). Como no tenemos manera de encontrar un patrón que nos permita predecir cuándo se van a presentar tales ruidos, se nos ocurre hacer un registro para que, con una base estadística, podamos conocer, aunque sea, la probabilidad de que se presenten. Dividimos nuestro registro en minutos que señalamos con números romanos, y sólo marcamos, en cada uno de ellos, el número ordinal del segundo en el que se presenta cada ruido. Nuestro registro podría tener los siguientes datos:

Minuto	Segundo en el que se presenta cada ruido
I	1°, 3°, 7°, 9°, 19°, 21°, 25°, 27°, 55° y 57°
II	1°, 3°, 13°, 15°, 19° y 21°
III	43°, 45°, 49° y 51°
IV	1°, 3°, 7°, 9°, 37°, 39°, 43°, 45°, 55°, 57°.

Basados en estos cuatro minutos de registros tendríamos muy pocas bases para saber cómo seguirían presentándose los ruidos, y ni siquiera las técnicas estadísticas nos podrían ayudar. Aunque podemos observar algunas constantes en ellos, por ejemplo que nunca se presentan en segundos pares (en este caso específico) o que dos segundos antes o dos después de cualquier ruido siempre hay otro, no podríamos predecir nada, a menos que usemos un patrón fractal.

Un brillante matemático del siglo pasado fue Georg Cantor (1845-1918) quien ideó un conjunto matemático que lleva su nombre. Se trata de una línea a la cual se le borra su tercera parte de en medio. A los dos tercios restantes se les borra, a su vez, su tercio medio. Si el procedimiento se repite una y otra vez, el resultado es lo que se ha dado en llamar polvo de Cantor. (Este polvo, que hizo estornudar a más de un matemático, no se refiere a las moronas de goma que quedarían después de las sucesivas borradas, sino a lo que se aprecia en la figura 21.) ¿Qué tiene esto

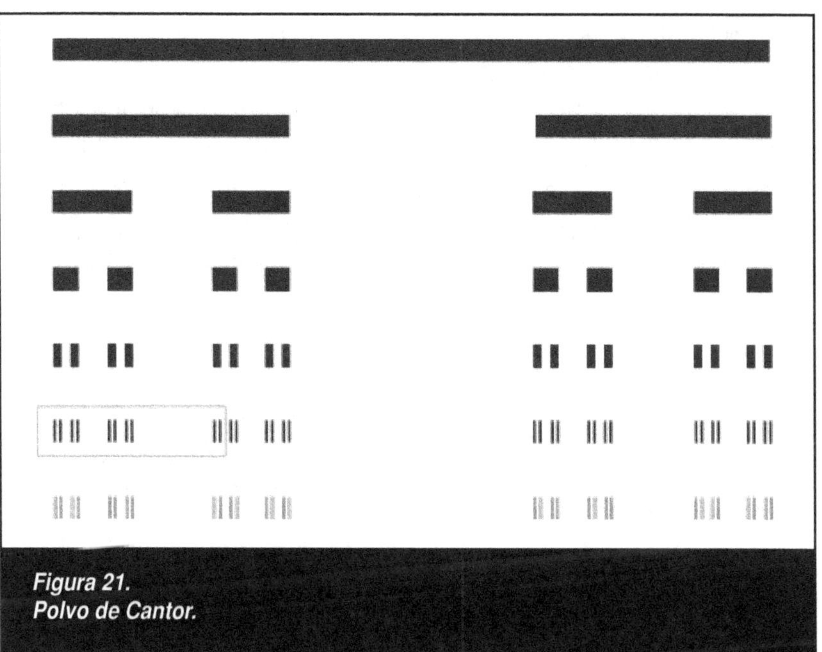

Figura 21.
Polvo de Cantor.

que ver con el comportamiento fractal en el tiempo? Si graficamos el primer minuto de nuestro registro como se ve en la figura 22, vamos a ver que corresponde a la sección en cuadro de la figura 21. Si consideramos que cada segmento de dicha línea representa

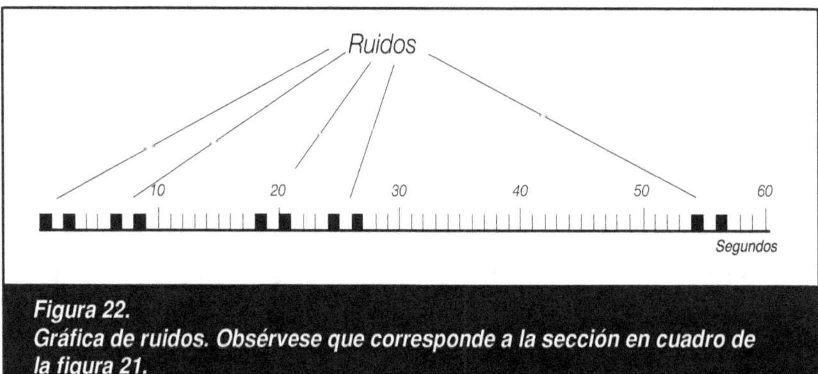

Figura 22.
Gráfica de ruidos. Obsérvese que corresponde a la sección en cuadro de la figura 21.

un segundo, podemos saber cuándo se presentará un ruido en el ejemplo que pusimos arriba.

Benoit Mandelbrot tuvo una experiencia similar con los ingenieros de IBM, quienes estaban desconcertados por un ruido en las líneas telefónicas que usaban para transmitir información entre las computadoras. Con ayuda del polvo de Cantor, Mandelbrot les proporcionó un patrón que predecía la distribución de los ruidos. Gracias a esta herramienta abstracta los ingenieros pudieron encontrar una mejor estrategia para controlar los errores que provocaba el ruido en la transmisión de los datos.

Este no es el único caso en que la teoría de los fractales haya tenido aplicaciones prácticas. Otro ejemplo lo podemos citar del propio Mandelbrot:

En la extracción del petróleo, cuando un yacimiento se ha agotado, se suele inyectar agua para forzar la salida de los últimos restos. Si la inyección se hace en ciertas condiciones, el agua forma una onda que empuja el petróleo y la operación se cumple positivamente, pero si las condiciones cambian, el agua se estructura en forma de dedos fractales y el petróleo no sale a la superficie. En este caso, los objetos fractales son malos. [Pero la teoría fractal es buena (acotamos nosotros).] En estos momentos existen grandes proyectos en todo el mundo para evitar la formación de estas fractales. El mayor de todos es el que se ha puesto a punto por las compañías petrolíferas noruegas que, con gran visión de futuro, han publicado estudios teóricos y resultados experimentales sobre el tema. La cuestión es cómo evitar el comportamiento fractal dadas ciertas condiciones iniciales.

Otra más de las aplicaciones interesantes de los fractales está relacionada con el problema que significa la gran cantidad de memoria que requieren las imágenes digitalizadas. Quienes trabajan con imágenes por computadora saben que una imagen, aunque

Figura 23.
Paisaje fractal.

vale más que mil palabras, suele ocupar tanta memoria como cien mil palabras. Por supuesto, el mercado de software ofrece compresores de información binaria que pueden reducir los archivos de imagen a una quincuagésima parte de su tamaño original. Sin ser despreciable, esta reducción no se compara con la que, según un matemático estadounidense llamado Michael Barnsley, se puede alcanzar con su técnica de compresión de imágenes, que está basada en la teoría de los fractales. Es decir, se trata de representar una imagen como un conjunto de fractales (véase figura 23). Recordemos que una de las propiedades de los fractales es que pueden tener una estructura muy compleja y ser producidos por una fórmula muy sencilla. La cantidad de información que se requiere para producir la imagen del helecho que aparece en la figura 4 es de apenas unos cuantos bytes. De esta manera se podrían ir juntando varios fractales para reproducir un paisaje complejo. En lugar de almacenar la imagen completa, que aun comprimida ocupa mucha memoria, se almacenan las instrucciones que la reproducirán. El problema de este sistema consiste en la dificultad que todavía significa convertir las imágenes reales en representaciones fractales. Sin embargo, Barnsley se muestra optimista porque ha descubierto que todo objeto fractal puede ser descrito por un conjunto de expresiones que relacionan sus partes con el objeto como un todo.

Antes de terminar este capítulo, veamos cómo se obtienen algunas dimensiones fractales. Sabemos que el área de un cuadrado se obtiene elevando a alguna potencia uno de sus lados. ¿Cuál es esa potencia? Dos, por supuesto. Por eso decimos que la dimensión del área es igual a dos. Entonces, se preguntará el lector, cuando un cuadrado no está completo, ¿su dimensión no es

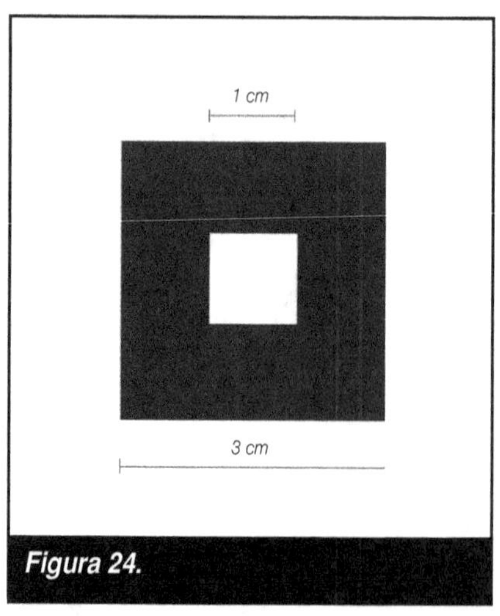

Figura 24.

dos? Claro que sí es dos. Para aclararlo veamos el cuadrado que aparece en la figura 24, que mide 3 cm de lado. De su centro hemos sustraído un cuadrado menor, de 1 cm de lado. ¿Cuánto mide el área negra en nuestra figura? Lógicamente:

$$(3 \times 3) - (1 \times 1) = 9 - 1 = 8 \text{ cm}^2$$

¿A qué potencia tendremos que elevar el lado de este cuadrado para que el resultado sea la medida del área negra? La respuesta es... ¡dos! Pero, cuidado: no es lo mismo elevar un lado a una potencia para obtener la medida de un área determinada que elevar 3 a una potencia para obtener 8. Veamos por qué. Para saber a qué exponente tenemos que elevar 3 para que el resultado sea 8 nos valemos de los logaritmos:

$$\log 8 \, / \log 3 = 1.8927$$

Pero ¿qué sucede si en lugar de medir en centímetros queremos hacerlo en milímetros? Nuestro cuadrado mayor mide $30 \times 30 = 900 \text{ mm}^2$; y el menor, $10 \times 10 = 100 \text{ mm}^2$. Entonces el área negra será $900 - 100 = 800 \text{ mm}^2$. ¿A qué potencia tendremos que elevar ahora 30 para obtener 800?:

$$\log 800 \ / \ \log 30 = \ 1.9653$$

(En la escuela aprendimos que $\log 800 = \log 8 + \log 100 = 0.9030 + 2 = 2.9030$; y $\log 30 = \log 3 + \log 10 = 0.4771 + 1 = 1.4771$.) Si queremos usar micras, por ejemplo, nuestro exponente va a ser:

$$0.9030 + 8 \ / \ 0.4771 + 4 = 1.9885$$

Al continuar por este camino, veremos que la potencia a la que hay que elevar el lado para obtener el área negra va aproximándose a dos. Esto sucede porque al multiplicar por diez el lado, multiplicamos por cien el área. En la división de logaritmos esto se traduce en que cada vez que reducimos nuestra unidad de medida, sumamos al numerador una cantidad doble de la que sumamos al denominador. Lógicamente si el número de reducciones es inmenso, tanto el logaritmo de 8 como el de 3 se vuelven insignificantes y la división tiende a ser igual a dos. Para simplificar los cálculos supusimos reducciones de la unidad de medida en un factor de 10, pero pudimos haberlo hecho con cualquier otro factor, como podrá comprobar el agudo lector.

Ahora veamos qué pasa con la alfombra de Sierpinski. (Recordemos que este objeto matemático se construye aplicando un mismo procedimiento, una cantidad infinita de veces.) En este caso usaremos un factor de 3 para hacer los cálculos más sencillos, e inventaremos dos unidades de medida con el mismo fin: el *tercentímetro* y el *quasimilímetro*; el primero equivale a la tercera parte de un centímetro y lo simbolizaremos como tc; el segundo, a la tercera parte de un tc, es decir, poco más de un milímetro, y lo simbolizaremos como qm. Vimos que el exponente al que hay que elevar el lado de nuestro cuadrado, medido en centímetros, era 1.8927. La figura en que nos apoyamos (24) representa el primer paso en la construcción de la alfombra. El camino que nos queda por recorrer es infinito, pero no nos desalentemos porque estamos en un espacio matemático, donde a veces se puede viajar

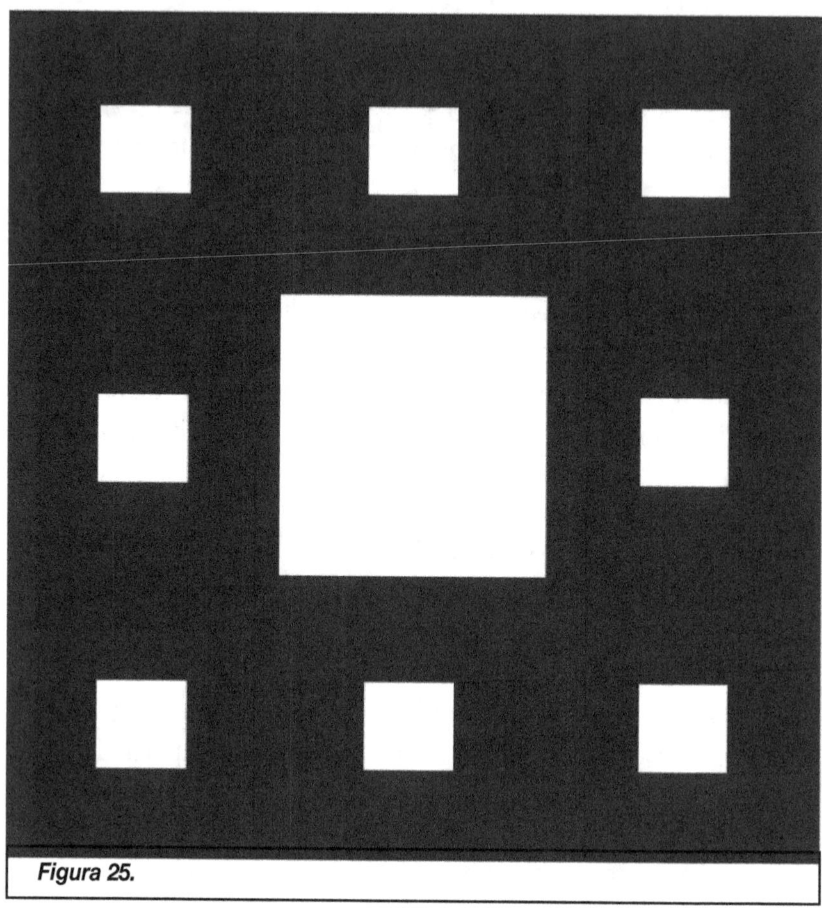

Figura 25.

a velocidad infinita. Si ahora damos el segundo paso hacia la alfombra y al mismo tiempo medimos con nuestra unidad inventada (tc), tendremos un lado de 9 tc y un área de 81 - 9 = 72 tc^2, pero vamos a recortar otros ocho cuadrados como se muestra en la figura 25. Como cada uno de estos ocho cuadraditos mide un tc de lado, el área negra se va a reducir en 8 tc^2, por lo tanto el exponente al que hay que elevar el lado para obtener el área va a ser:

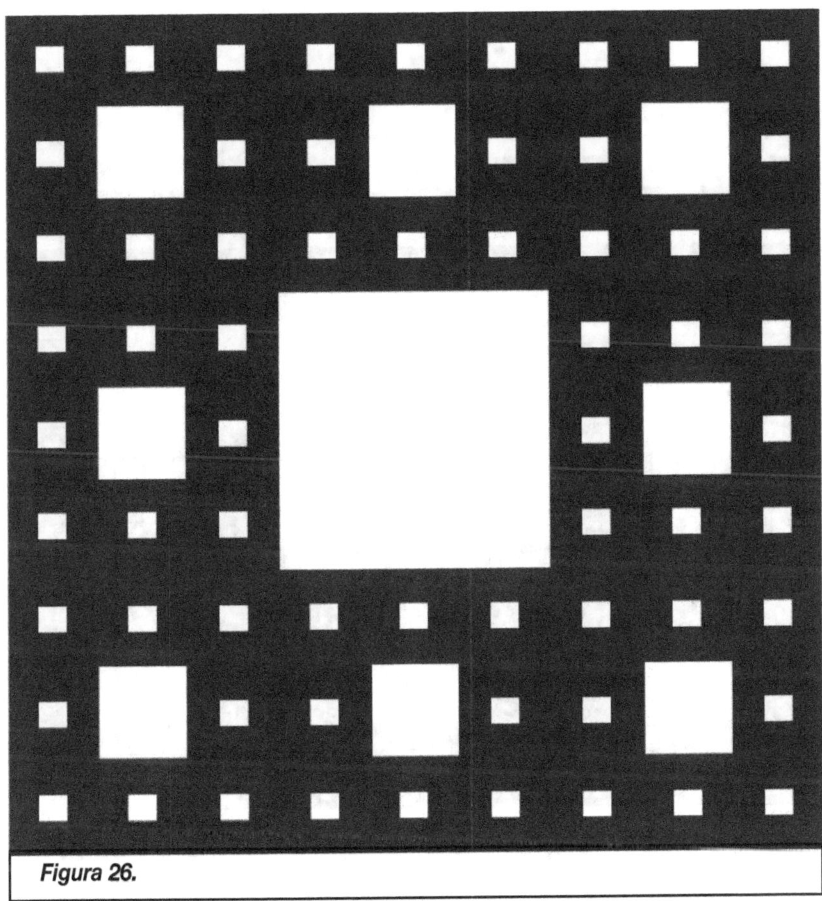

Figura 26.

$$\log (72 - 8) / \log 9 = 1.8927$$

y si repetimos la operación una vez más, (es decir, dar el tercer paso hacia la alfombra y utilizar una unidad tres veces menor), el lado del cuadrado original va a medir ahora 27 qm y el área negra será de $729 - 81 - 72 - 64 = 512$ qm^2 (véase figura 26). El exponente buscado será entonces:

$$\log 512 / \log 27 = ¡1.8927!$$

Podríamos continuar todo lo que quisiéramos y siempre obten-

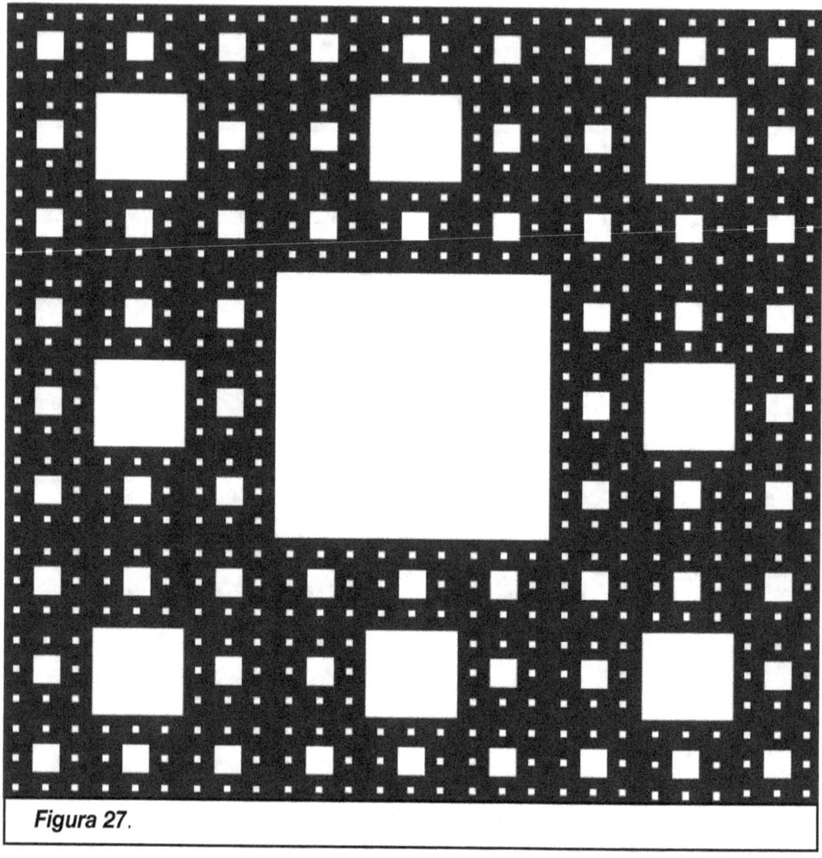

Figura 27.

dríamos el mismo exponente. La dimensión de este objeto es, pues, 1.8927. Como no es una dimensión entera, se dice que es fractal. El lector aguzado podría protestar porque es fácil ver que si comenzamos con otras medidas nuestro exponente no va a ser el mismo. Por ejemplo, si el cuadrado original mide 9 cm, en el primer paso tendríamos:

$$\log 72 \ / \ \log 9 = 1.9469$$

Hasta aquí lleva razón el lector, pero si continuamos construyendo la alfombra, el exponente buscado va a ir acercándose a un límite (así como el exponente en el caso de un cuadrado incompleto va aproximándose a dos conforme se reduce la unidad de medida). Para la alfombra de Sierpinski, ese límite es precisamente 1.8927. Por ejemplo, en el paso tres, el exponente sería 1.9285; en el cuatro, 1.9195; en el cien, 1.8938; en el doscientos, 1.8933; en el trescientos, 1.8931, etc.

En este punto hay que hacer una aclaración. La dimensión de la figura 27 es igual a... ¡dos! "¿¡Cómo!?", se preguntará el lector, "¿acaso todo esto no es más que una tomadura de pelo?". No, nada de eso. Si la dimensión fractal de la figura es igual a dos es porque esta figura, como todas, es un objeto finito. Sólo representa un ente matemático que consiste en aplicar los pasos descritos un número infinito de veces.

Habiendo calculado la dimensión de la alfombra, será fácil hacerlo ahora con la de la junta (ambas de Sierpinski). Recordemos que para construir la junta unimos los puntos medios de los lados de un triángulo y obtenemos cuatro triángulos iguales que cubren exactamente el área del triángulo mayor, pero de los cuales extraemos uno. Entonces buscamos ahora el exponente al que hay que elevar el lado para obtener el área negra en la figura 5 (pág. 44). Aquí hay que tener en cuenta que el exponente al que se eleva el lado de un triángulo para obtener su área también es dos por las razones que vimos arriba, cuando demostramos lo propio para el caso de un cuadrado incompleto. No hay que confundir este concepto de dimensión del área con la fórmula para encontrar el área de un triángulo ($b \times h/2$). La dimensión tiene que ver con el concepto de límite de una serie infinita, y esto no hay que perderlo de vista. Pero volvamos a nuestra junta. Si en cada paso quitamos un triángulo vamos a tener tres donde esperábamos cuatro. Consideremos que el lado del triángulo es 2 y la dimensión buscada la obtenemos, como arriba, con una división de logaritmos:

$$\log 3 \ / \ \log 2 = 1.5849$$

Por lo que se refiere a la esponja de Menger, observamos que tenemos veinte cubos donde debería haber 27. Otra vez se trata de un ente matemático que se somete a un número infinito de pasos, etc. Así pues, su dimensión es igual a:

$$\log 20 \ / \ \log 3 = 2.7268$$

El polvo de Cantor, por su parte, está formado por dos líneas donde esperaríamos tres; su dimensión es, entonces:

$$\log 2 \ / \ \log 3 = 0.6309$$

La dimensión del perímetro de la isla de Koch, ya lo habrá adivinado el lector, es igual a:

$$\log 4 \ / \ \log 3 = 1.2618$$

La teoría de los fractales ha invadido muchas áreas del pensamiento humano. Se ha metido en la estética (si consideramos la belleza de las figuras fractales), en la física, en la ingeniería (como en el ejemplo de la extracción del petróleo que vimos), en la geografía (tanto física como humana, pues las líneas fronterizas forman una especie de frontera entre una geografía y la otra), en la anatomía (recordemos el caso de la ramificación de los vasos sanguíneos), etc. La teoría fractal se encuentra aún en desarrollo y sus aplicaciones prácticas son todavía reducidas.

<table>
<tr><th colspan="3">Dimensión fractal de algunos objetos matemáticos</th></tr>
<tr><th>Objeto</th><th>Fórmula</th><th>Dimensión fractal</th></tr>
<tr><td>Alfombra de Sierpinski 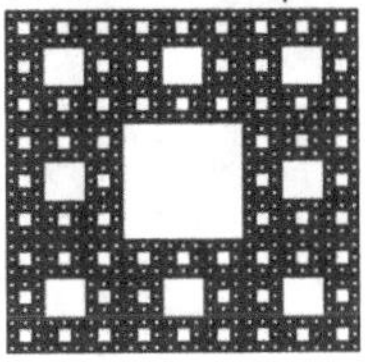</td><td>$\log 8 \,/\, \log 3$</td><td>1.8927</td></tr>
<tr><td>Junta de Sierpinski 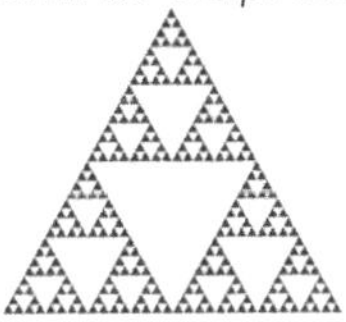</td><td>$\log 3 \,/\, \log 2$</td><td>1.5849</td></tr>
<tr><td>Esponja de Menger 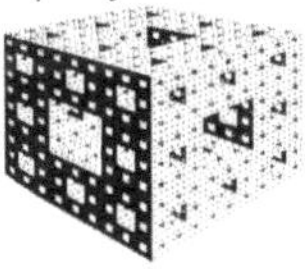</td><td>$\log 20 \,/\, \log 3$</td><td>2.7268</td></tr>
<tr><td>Polvo de Cantor 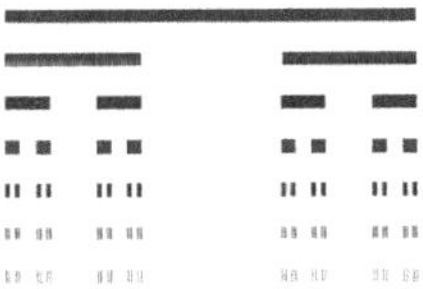</td><td>$\log 2 \,/\, \log 3$</td><td>0.6309</td></tr>
<tr><td>Isla de Koch 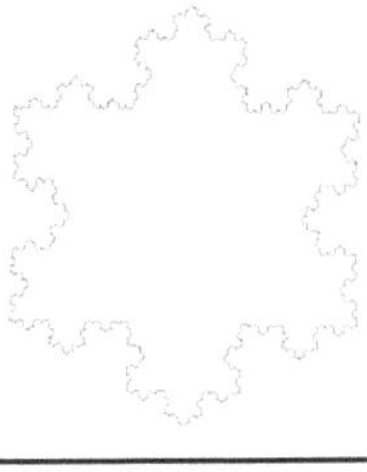</td><td>$\log 4 \,/\, \log 3$</td><td>1.2618</td></tr>
</table>

4

El sueño, la muerte y la carta

Parecía un extraño insecto que de pronto agitara sus patas amenazadoramente, y luego se quedara quieto, sólo flotando en ese colorido mar tan lleno de olas.

Rizos y caireles

Cuando Sergio llegó al lugar de la cita, vio a Suriana, sentada al pie de un abeto, absorta en la lectura de unas cuartillas.

—Perdón por el retraso —dijo mientras trataba de peinarse un poco con las manos—, pero es que...

—Es el caos —atajó ella, con una mirada triunfal que lo hizo

73

odiarla, pero sólo por un segundo. A veces ella de un manotazo alborotaba todas sus emociones y él tenía que esperar a que se asentaran nuevamente, a que cobraran su verdadera dimensión.

—A ver si de una vez por todas me explicas qué diablos es eso del caos. ¿Ese es el original del que me hablaste?

—Sí. Esta es la parte que trata de fractales —y miró al cielo.

—¿De qué? —preguntó él extrañado. Dirigió su mirada hacia donde la de Suriana. Pero sólo vio nubes. Volteó entonces a verla a ella. Su cabello, animado por el viento, ardía. En sus ojos brillaba el reflejo de las nubes.

—Fractales —contestó sin mirarlo.

—¿Y qué es eso?

—Son objetos de una nueva geometría —dijo, ceremoniosa.

—¿Quieres decir que no pertenecen a la geometría euclidiana, ni a la descriptiva, ni a la analítica?

Quería impresionarla con estos conocimientos que recordaba de sus clases recientes. Pero cómo iba a saber que ella acababa de consultar un libro de donde tomó los datos que a continuación diría, fingiendo familiaridad con ellos, todo con el único fin, por qué no confesarlo, de impresionar a su amigo:

—Ni tampoco elíptica, hiperbólica, ni proyectiva.

—¿No? —preguntó él alzando las cejas, como para que no se notara su sorpresa ante esos términos que acababa de escuchar—. ¿Entonces cómo se llama la geometría esa?

—Pues fractal.

—¿Y en esas cuartillas dice todo eso de los fractales? ¿Todas esas maravillas que me medio contaste?

—Sí. Todas esas maravillas. Te traje unas copias. Llévatelas a tu casa, léelas y mañana nos vemos aquí y platicamos. Llévate también estas fotos. Las vas a necesitar para entender el texto. Mañana te paso esta otra parte, quiero volver a leerla.

—¿De qué es esa parte?

—Es sobre el efecto mariposa, atractores extraños y bifurcaciones. Mañana te la doy ¿sale?

—Órale.

Cuando Sergio llegó a su casa y pudo despachar todos los asuntos cotidianos de un chico de su edad (le tocó lavar los trastes de la comida y reparar una llave de agua que goteaba), se puso a leer las copias que llevaba. Leyó y releyó el texto. Miró y remiró las fotos. Parecía impresionado. No dejaba de enredarse el pelo con los dedos mientras leía, y de vez en cuando bajaba las cuartillas y alzaba la cara; quién sabe si miraba el techo o el cielo, o si no miraba nada. Cuando leyó la parte donde dice "monstruo de las matemáticas", sintió un golpe de inspiración indefinida, como si hubiera vivido una de esas experiencias que nunca se pueden comunicar a los demás, por muchos esfuerzos que uno haga. Cuando llegó a la parte donde se cita a Mandelbrot, esbozó una sonrisa de asentimiento, pero inmediatamente pensó, mejor dicho sintió, que los fractales también podían causar atracción y rechazo al mismo tiempo —y a la misma persona.

El texto que leyó podría ser idéntico al que aparece en el capítulo 3 de este mismo libro.

Y por supuesto esa noche soñó con fractales. El conjunto de Mandelbrot apareció en su sueño, similar al que vio en las fotografías, pero dotado de movimiento. Parecía un extraño insecto que de pronto agitara sus patas amenazadoramente, y luego se quedara quieto, sólo flotando en ese colorido mar tan lleno de olas. Mar en el que abundaban los hipocampos y las caracolas. También soñó con montañas fractales, mágicas; con dragones alegres y bailarines; con islas remotas, con mundos distintos. Estaba inmerso entre rizos y caireles, y por doquier oía risas y carcajadas.

El desconcierto

La primera vez que Suriana entró en el estudio de su abuelo fue la víspera de que él se fuera de viaje. La invitó a pasar y con el correspondiente ademán le dijo:

—Te presento mi estudio. Aquí he pasado muchas horas de mi vida.

—¿Y por qué nunca me habías invitado a pasar, eh?

—A ciencia cierta no lo sé. Pero no sólo a ti, sino a nadie. Tú eres la primera persona, descontándonos a Chonita y a mí, que entra en este lugar.

Suriana dio dos o tres vueltas sobre su propio eje como para anonadarse más por la cantidad de cosas que había ahí.

—¡Cuántos libros! ¿Ya los leíste todos?

Don Carlos nomás se le quedó mirando. Ella se percató de que no era la pregunta más inteligente que había hecho en su vida. Sólo agachó la cabeza y sonrió un poco. Él la miraba enternecido.

—¿Estás triste? —preguntó la joven.

—No —contestó él, no muy convincente, y le dio la espalda.

—¿A qué hora te vas?

—Mañana viene un taxi por mí a las seis para llevarme al aeropuerto. Así que podemos irnos despidiendo.

Dio media vuelta y le tendió los brazos. Se miraron unos segundos, como reprochándose mutuamente por esa separación, pero finalmente se abrazaron.

A veces, las mejores cosas de la vida son efímeras, pero sólo a veces. Don Carlos Armando Ortega y Suárez vivió sus últimos años endulzados por un cariño profundo. Murió, como todos los pasajeros del vuelo 708, por culpa, dijeron los que saben, de una turbulencia caótica. Cuando Suriana se enteró de la desgracia fue presa de una profunda depresión. Por espacio de un mes estuvo llorando mucho y comiendo poco. Vaya, apenas si probaba bocado. Tan exagerada era que a veces creía que no iba a poder soportarlo, que ahí iba a terminar todo. Durante ese trago amargo, Sergio se convirtió para ella en un apoyo muy sólido. Se comportó con una madurez rarísima en muchachos de su edad. Él había llegado a apreciar a don Carlos a pesar de haberlo tratado sólo un par de veces. "A la empatía no le interesan los cálculos cuantitativos", había pensado en alguna ocasión.

Aunque Olga también lamentó la muerte de su padre, se repuso mucho antes que su hija, y eso las alejó más de lo que ya estaban, porque Suriana creyó confirmar sus sospechas acerca de que el resentimiento que sentía su madre hacia el abuelo era mayor que el amor que, cuando la forzaban, decía profesarle.

Pero el tiempo erosiona las agudas aristas del dolor (las hace a veces graves, a veces romas, románticas) y Suriana fue saliendo poco a poco, con altibajos, de su depresión; se reconcilió con su apetito y comenzó a recuperar los kilos que había perdido.

El 29 de julio Suriana llegó tarde a comer a su casa. Su padre solía regañarla cuando no llegaba a la hora exacta de la comida. Pero ella no le hacía mucho caso, sólo el suficiente para no tener problemas con él. Ese día se cumplían tres meses de que había muerto su abuelo; y aunque ella no le daba mucha importancia a las fechas, no pudo evitar un profundo sentimiento de tristeza.

Desde la muerte de don Carlos, nadie, salvo Chonita, había entrado en esa casa. Ella tenía ya muchos años de venir haciendo el aseo, lavando la ropa, preparando la comida y todo lo que se necesitara para que el señor no pasara incomodidades. Nadie supo quién le contó la tragedia, el caso es que desapareció un día y jamás volvieron a saber de ella. Al pensar en Chonita, Suriana recordó la última vez que habló con su abuelo, en el estudio, y sintió una poderosa necesidad de ir ahí.

La casa de don Carlos era la de junto. Había una puerta que comunicaba ambas casas y Suriana solía sortearla para visitar a su querido abuelo; en cambio él nunca la usaba. Siempre entraba y salía por las puertas principales de las casas. Ahora él ya no existía, pero sus cosas ahí estaban y ella quería verlas. Cuando entró en el estudio sintió una punzada de dolor en la memoria. Ese profundo olor de la madera y de los libros le trajeron recuerdos tan vívidos que se sintió desolada. "Tú estás aquí conmigo, viejo, no te has ido todavía. Yo te siento intensamente", pensó Suriana y luego dijo en voz alta: "Te quiero abuelo, ¿por qué tuvieron que ser así las cosas?". Y no pudo evitar el llanto; porque ella estaba viva todavía y tenía enterrado su sentimiento, ¡qué carajos! Pero así es la vida y qué le vamos a hacer. El viejo se murió, como todos algún día.

Una corriente de ideas y sensaciones se arremolinaba en su cabeza, amenazando con volverse turbulenta. "Sergio, ayúdame. Se murió mi abuelo, ¿qué voy a hacer ahora?", pensaba entre accesos de dolor y de rabia, de desconcierto. "Maldito Sergio, ojalá tú también te mueras. No. No es cierto, vive para mí. No te vayas a morir nunca. No seas como mi abuelo que se va y ya. Y yo ¿qué?" Y casi como respuesta se mareó repentinamente y antes de darse bien cuenta se desmayó. De camino al suelo, tratando de asirse instintivamente de algo, se llevó unas hojas que había en el escritorio, y que quedaron desperdigadas por el suelo, junto a ella. Pero no tardó mucho en volver en sí, se incorporó y buscó el frasco de alcohol que recordaba haber visto el día que su abuelo la invitó a conocer el estudio. Cuando lo encontró, destapó y acercó a su nariz, se sintió mejor. Pronto se repuso del todo y entonces reparó en los papeles arrugados que yacían en el suelo. Era papel de fax y parecía ser una carta. Trató de ordenar las hojas, pero no le resultó fácil porque la calidad de la impresión no era muy buena que digamos. Algunas líneas resultaban ilegibles y al parecer faltaban hojas. Comenzó a leer:

"México, D.F., 19 de marzo de 1994

"Estimado don Carlos:

"¿Cómo empezar esta carta? Parece increíble que a veces las cosas más sencillas representen para mí un problema tan grande. Imagínese que no encontré otra manera de empezar esta carta sino refiriéndome a ella misma, a la dificultad de redactarla. Una vez escritos estos pocos renglones, quizá pueda continuar escribiendo. Le ruego que me tenga paciencia.

"Por supuesto deseo que esté bien de salud, pero poner esto en el primer párrafo hubiera parecido una formalidad más que un deseo sincero. Como la confianza que floreció entre nosotros fue muy rápida, hoy quiero abusar de ella (se lo digo así, francamente, porque sé que usted me entiende). Le envío, junto con ésta, un par de capítulos del libro que estoy escribiendo para que usted lo lea y me dé su opinión (¿recuerda que me lo ofreció?). No soy escritor, apenas he publicado un par de notas y una que otra cosita por ahí. Si entendí bien lo que me dijo, usted propone que pida ayuda en este caso. Tiene toda la razón, hacer un libro en pocos meses no es una empresa fácil para nadie.

"Usted dijo que su error como escritor fue precisamente su orgullo. Nunca quiso pedir ayuda y ahora se siente fracasado. Déjeme decirle que en eso no estoy de acuerdo. Yo no creo que un hombre con una claridad de pensamiento como la suya sea un fracasado. Puede ser que no se hayan satisfecho sus expectativas, que no haya obtenido reconocimiento público, pero ¿quién fue su principal crítico? Usted mismo. Perdóneme que le hable así, pero es que lo entiendo tan bien como si se tratara de mí mismo. Espero que usted me llegue a tener la suficiente confianza también para dejarme leer su obra literaria (sé que está casi totalmente inédita). Estoy seguro de que exagera en su autocrítica. Siempre he pensado que la autocrítica es indispensable en toda obra, pero tiene un límite, que quizá no podamos conocer nunca. Como entraña un proceso autorreferencial, puede compararse con la serpiente que se muerde la cola, ¿hasta dónde podría llegar si quisiera devorarse a sí misma?

"Lamento que el objeto de esta carta sea pedirle un favor, porque todas mis palabras podrían parecer encaminadas a conseguirlo; si a pesar de todo continúo es porque sé a quién las dirijo. Lo único que le critico es que se considere fracasado. Es usted una de las personas más extraordinarias que he conocido.

"No sé si quedó claro en nuestra última plática y por eso se lo repito ahora: yo quise ser escritor, pero renuncié a ese sueño. Si hay renunciamientos oportunos, espero que éste sea uno de ellos. Ahora se me presenta la oportunidad de hacer algo en un área totalmente distinta, que es la divulgación. Sin negar en absoluto la importancia del buen escritor literario, creo que un buen divulgador tiene una tarea más noble: llevar una enseñanza a un público más amplio. Aspiro a hacer ese papel decorosamente, pero tengo muchas dudas: temo a mi propia crítica, ¿hasta dónde llevarla?; temo a la crítica de los demás, ¿hasta dónde aceptarla? Ojalá mi trabajo cumpla con ese papel de llevar parte del conocimiento científico a un público relativamente amplio y diverso.

"Como ya le comenté el otro día, el libro que estoy escribiendo está compuesto de dos partes principales, una técnica y otra narrativa. La primera está dividida en capítulos que abordan algunos de los principales temas de la teoría del caos; la segunda es una historia que, con algunos nombres cambiados de personas y lugares, es totalmente inventada (usted perdonará que no haya resistido la tentación de hacer este mal chiste).

"Con este libro pretendo invitar a gente con intereses muy diversos a conocer una idea que me parece de las más hermosas que la ciencia ha producido. No se necesita una gran preparación para captar lo esencial de la teoría del caos: apenas un poco de álgebra, sentido común y algo de paciencia. Por supuesto, la teoría ya cuenta con un cuerpo sólido de conocimientos de alto nivel, como cualquier otra teoría científica. Sólo que ésta es, además, multidisciplinaria, pues tiene aplicación en física, química, biología, ecología, meteorología, economía, etcétera, aunque las ideas principales provienen de las matemáticas. En fin, no voy a seguir aburriéndolo con estos detalles, sólo quiero pedirle que lea el libro con ojos críticos, teniendo muy en cuenta que se trata de un libro de divulgación, es decir, que pretende ser divertido, interesante e instructivo, sobre todo para los jóvenes. Déjeme decirle, y perdone si no hay mucho orden en esta carta, que tengo mis dudas tanto en la parte técnica como en la narrativa. En la primera, me ciño a lo que es ciencia dentro de la teoría, es decir, a lo que puede comprobarse por medio de la experimentación o de métodos conceptuales, como la prueba matemática. Trato, en la medida de mis posibilidades, de no dejarme seducir por el canto de sirenas que significan la especulación y la sugerencia fantásticas. También trato de que la exposición no sea muy formal o muy solemne, aunque no siempre lo he conseguido. Un problema de esta parte técnica es la estructuración, la clasificación de los temas. Esto lo digo porque si bien es cierto que en cualquier libro técnico existe el problema de la clasificación, no importa que las divisiones que se hacen para simplificar la exposición se traslapen o se encimen un poco en los límites, puesto que lo más importante es la explicación misma de los temas. Aunque esta confusión en los límites es casi siempre inevitable, basta con poner un poco de orden y asunto arreglado. En un libro sobre el caos, en cambio, la cosa se torna un poco más delicada, porque precisamente trata sobre el desorden o, mejor aún, sobre el orden que existe en el desorden. En realidad, no voy a contar con espacio para tratar el otro enfoque de la teoría del caos, es decir, el enfoque que destaca el orden a partir del caos, termodinámica irreversible, sistemas autoorganizativos, etc., cuya figura central es Ilya Prigogine, de quien estuvimos hablando el otro día. Tal vez después" [los dos renglones siguientes eran ilegibles, Suriana continuó leyendo] "lo que toca a la parte narrativa, ya escribí el planteamiento, y tengo una idea, más bien vaga, sobre el final. Aunque no es mucho aún, puede decirse que la historia ya adquirió cierta autonomía, personalidad propia, digamos. Ya no puedo hacer con mis personajes lo que me venga en gana, y no sólo eso, sino que a veces hasta me da la impresión de que tengo que consultar mis decisiones, negociarlas con ellos. Todo eso se debe al tono. Un tono no acepta cualquier nota en cualquier sitio. Por eso le pido, don Carlos, que además de ojos le preste oídos a la parte narrativa, y me diga con toda sinceridad si desentona, en cuyo caso todavía habría tiempo de afinar.

"En este punto permítame hacer una aclaración. A partir de este párrafo, la carta ya no es la misma. Me explico. Por un exceso de confianza, no respaldé la información de los últimos párrafos de la carta original (todo se escribe hoy en procesadores de palabras). Un virus cibernético destruyó varios de mis archivos, no sólo el de la carta sino también algunos del libro. Tendré que reconstruir hasta donde me alcance la memoria, pero lo demás será nuevo, distinto, no sé si mejor o peor. Recuerdo muy bien que imprimí la carta original terminada, pero no la encuentro. Si llegara a encontrarla a tiempo, usted no se enteraría del extravío ni tendría que leer esto que estoy escribiendo puesto que le mandaría la carta original —y esta parte se volverían explicaciones a mí mismo, sin ningún valor práctico. Si no, ya se enterará usted.

"Le decía en la carta original que me preocupaba la parte narrativa, el tono sobre todo. Le contaba cómo el autor no puede decidir cualquier cosa sobre su propia obra, pues tiene que seguir *cierto* orden. Se me ocurrió que los creadores se guían por un etéreo atractor extraño con infinitos grados de libertad, no en el espacio de fases sino en el espacio del arte. Pero estas son sólo ocurrencias mías, vuelos de la imaginación. La idea de relacionar este asunto con el atractor extraño no estaba en la carta original. En ella había escrito una idea que me había entusiasmado, pero no puedo recordarla.

"Todavía no resuelvo cómo y en dónde dejar constancia de mi agradecimiento a las personas con las que voy a quedar en deuda en relación con este libro; pero dondequiera que sea, ahí citaré a mis hijas, Gisela y Marcela, que me preguntan todos los días cuántas cuartillas he escrito y que me han prestado gran parte del tiempo que les debo. A Irma, mi mujer, por su apoyo y" [el siguiente renglón era ilegible, Suriana continuó leyendo] "hermano Luis David, por sus asesorías y atinadas observaciones. A mi editor, Juan Tonda, por confiarme esta fascinante tarea y orientarme en el difícil camino de la divulgación. A Benjamín Anaya, por el material que me proporcionó. A usted, don Carlos, porque sé que"...

En este punto se interrumpía la secuencia. Suriana no supo si faltaba una página o más. La única hoja que le quedaba por leer también era de fax pero estaba escrita a mano. Tenía varios tachones y sólo se alcanzaban a leer unas cuantas líneas:

..."teorías nuevas, usted lo sabe mejor que yo, suelen provocar reacciones de índole muy variada, frecuentemente encontradas. También han servido como un trampolín para que la fantasía humana ejecute los saltos más espectaculares ante una alberca a la que, en muchos casos, se olvidan de ponerle agua.

"En fin, creo que esta carta ya se alargó más de lo que esperaba. Sólo quiero pedirle un último consejo: ¿cómo ve usted la idea de lo de la carta incompleta? ¿Cree que sea verosímil eso de las páginas faltantes y los renglones ilegibles? ¿Y lo del trozo de página escrito a"...

Suriana volteó la hoja para ver si seguía el texto en el reverso, pero sólo había ahí el dibujo de una serpiente que se mordía la cola. Entonces comenzó a no entender nada.

5

El orden oculto

Tuvieron que llegar las computadoras para que nuestros investigadores redescubrieran lo que Poincaré ya había entrevisto casi un siglo antes.

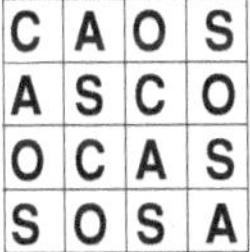

Si conociéramos con exactitud las leyes de la naturaleza y la situación del Universo en el momento inicial, podríamos predecir exactamente la situación de ese mismo Universo en un momento posterior. Pero aun si fuera el caso que las leyes de la naturaleza no escondieran ya ningún secreto para nosotros, sólo podríamos conocer la situación aproximadamente. Si eso nos hiciera capaces de predecir la situación posterior con la misma aproximación, eso es todo lo que requerimos, diríamos que el fenómeno ha sido predicho, que es gobernado por las leyes. Pero esto no es siempre así; puede suceder que pequeñas diferencias en las condiciones iniciales provoquen diferencias muy grandes en el fenómeno final. Un pequeño error en las primeras, producirá un enorme error en el segundo.

Este texto fue escrito a principios del presente siglo por el gran físico y matemático Jules Henri Poincaré, quien es el verdadero descubridor del fenómeno ahora llamado caos. Poincaré ganó el premio que ofreció en 1887 el rey Óscar II de Suecia a quien pudiera determinar si el Sistema Solar es estable. Para contestar esa pregunta había que resolver primero el problema de los tres cuerpos (las ecuaciones de la mecánica newtoniana pueden describir con toda precisión el destino de dos cuerpos que interactúan entre sí; pero ¿qué pasa si consideramos un tercer cuerpo?) Poincaré publicó un trabajo en el que concluye no sólo que el problema de los tres cuerpos no tiene, en general, una solución mediante las ecuaciones de la mecánica clásica, sino también que un sistema de tres cuerpos es extremadamente dependiente de sus condiciones iniciales. Finalmente el rey decidió darle el premio ofrecido, por su contribución a la dinámica de los sistemas complejos. Este notable científico francés tiene una obra muy vasta de más de treinta libros y cuantiosos ensayos y artículos en revistas especializadas. Escribió importantísimos textos sobre el cálculo de probabilidades, teoría de los torbellinos, mecánica celeste, filosofía de la ciencia, etcétera.

Pero todos los hallazgos de Poincaré relacionados con el caos fueron un poco olvidados. Tuvieron que llegar las computadoras para que nuestros investigadores redescubrieran lo que él ya había entrevisto casi un siglo antes. El advenimiento de las computadoras facilitó el trabajo de los investigadores puesto que permitió tratar algunos problemas matemáticos desde el punto de vista experimental. Por decirlo así, la computadora ha llegado a significar para el matemático o científico teórico lo que el microscopio significa para el biólogo.

Efecto mariposa

¿Quién no se ha burlado alguna vez de las desventuradas predicciones meteorológicas? Casi todos hemos cometido esa injusticia, más por ignorancia que por mala fe. El clima nunca podrá predecirse más allá de unos cuantos días. No se trata de darle tiempo al tiempo, se trata del caos determinista o efecto mariposa.

Como decimos en el capítulo 2, los nombres han desempeñado un papel importante en la teoría del caos. Atractores extraños y efecto mariposa son dos buenos ejemplos de nombres sugerentes que han ayudado a captar el interés de la gente. Sin embargo, también le han dado a todo esto un cariz de materia poco seria; por decirlo así, han vestido a la ciencia de mezclilla y tenis. Ignoramos si eso es mejor o peor para la ciencia, pero mientras lo averiguamos nos contentaremos con describirlo.

El efecto mariposa se refiere a la extrema dependencia de un sistema respecto de las condiciones iniciales. Esto quiere decir que el comportamiento de un sistema variará mucho con tan sólo un poco que varíen sus condiciones iniciales. En otras palabras, a pequeñas causas grandes efectos. La relación de causa-efecto ha sido muy importante en el fundamento filosófico de la ciencia y ha dado lugar a una acalorada polémica a lo largo de su historia. Cuando se habla de determinismo es difícil no citar a su máximo exponente: Pierre Simon de Laplace, matemático y filósofo francés del siglo XVIII. La idea central del determinismo puede resumirse en el siguiente párrafo, quizás el más citado de Laplace:

Hay que considerar el estado actual del Universo como efecto de su estado precedente y como causa del que lo sucederá. Una inteligencia que en un instante determinado pudiera conocer todas las fuerzas que actúan en la naturaleza y la respectiva posición de los seres que la componen, y que además tuviera la suficiente amplitud para someter esos datos al análisis, incluiría en una sola fórmula los movimientos de los cuerpos más grandes del Universo y los de los átomos más pequeños. Nada escaparía a su análisis y tanto el pasado como el futuro estarían presentes ante sus ojos...

Casi siempre que alguien cita este párrafo lo hace con el fin de mostrar lo erróneo de esta manera de pensar la ciencia. Generalmente, con el principio de incertidumbre en ristre, y ahora con la teoría del caos desenvainada, arremeten contra Laplace sin contemplación alguna. La idea de Laplace irritó y sigue irritando a mucha gente, incluso fuera del ámbito científico. Tal vez por esa razón casi nunca se citan otras partes del mentado párrafo, que contiene algunas atenuantes de su "criminal" idea. Veamos cuáles son (las hemos compuesto en cursivas):

... El espíritu humano brinda un *atisbo* de tal inteligencia que se manifiesta en la perfección a que ha sabido llevar la astronomía [...] Todos sus esfuerzos en pos de la verdad lo *aproximarán* continuamente a esa inteligencia que acabamos de describir aunque *sin entrar nunca en contacto con ella.*

No vamos a entrar en polémicas filosóficas porque no es el propósito de este libro, sólo queríamos decir unas palabras en favor de Laplace, a quien la matemática le debe mucho en áreas como el cálculo de probabilidades, la teoría de los determinantes, el análisis de ecuaciones diferenciales, etcétera.

Comúnmente se acepta que la física clásica (la que está basada en la mecánica de Newton, y cuyos fundamentos filosóficos no fueron cuestionados sino hasta este siglo) era determinista, mientras que la mecánica cuántica es indeterminista, es decir, que se basa en probabilidades. Esto fue lo que nunca aceptó Einstein de la mecánica cuántica y que expresó en su famosa frase: "Dios no juega a los dados." Einstein creía en la ley y la ordenación total de un mundo que *es* objetivamente, y se negaba a creer que el método estadístico de la teoría cuántica fuera la última palabra.

Trataremos ahora de aclarar por qué se han juntado dos palabras aparentemente contradictorias en una expresión como *caos determinista*. Simplificando un poco, determinista es todo sistema cuya evolución depende estrictamente de las variables que lo describen. Caos, por su parte, no significa aquí lo mismo que desorden, como en el lenguaje cotidiano, sino orden, pero orden oculto. Un orden que, por no ser evidente, deja casi intacta la incertidumbre que prevalece dentro de un sistema. Así pues, cuando decimos que un sistema presenta el fenómeno del caos determinista nos referimos a que su evolución, a pesar de estar totalmente determinada por las variables que lo describen, no puede predecirse. Veamos cómo se aplican estas condiciones en el caso del clima atmosférico.

El meteorólogo y matemático estadounidense Edward Lorenz es uno de los pioneros del caos (para algunos autores es incluso el descubridor). Él no se conformaba con el hecho de que la predicción del clima fuera un asunto estadístico, de habilidad intuitiva, de probabilidades. Las ecuaciones que describen el comportamiento del clima requieren el cálculo de miles de operaciones. Con el advenimiento de las computadoras parecía que la predicción meteorológica iba a alcanzar finalmente la exactitud tan buscada.

A principios de los sesenta, Lorenz trabajaba en una máquina ruidosa y lentísima comparada con las actuales, pero que le permitía experimentar con las ecuaciones, haciendo cálculos que en épocas anteriores requerían el trabajo de un grupo de colaboradores. En teoría, gracias a la computadora, un meteorólogo debería de ser capaz de hacer lo que los astrónomos hacen con papel, lápiz y unas cuantas reglas. ¿Puede predecirse el clima con tanta exactitud y antelación como los eclipses, la conjunción de los astros y otros fenómenos astronómicos, en la inteligencia de que las ecuaciones que describen el movimiento del aire y del agua son tan conocidas como las que describen el movimiento de los cuerpos celestes?

Para tratar de contestar esta pregunta, Lorenz simplificó al máximo su sistema de ecuaciones. Como hacía trabajo de investigación, pudo eliminar algunas variables que no eran muy importantes para describir el comportamiento del clima. Se concentró, entonces, en las variables de temperatura, presión del aire y dirección de los vientos. Confiaba en que con estos pocos datos y la ayuda de su máquina podría predecir el clima con mucho mayor éxito que hasta entonces. Para verificar un pronóstico que había requerido una larga secuencia de iteraciones (en el capítulo 2 vimos lo que son las iteraciones), se le ocurrió a Lorenz comenzar a la mitad del cálculo, para ahorrar un poco de tiempo. (Recordemos que en las iteraciones el resultado de una operación pasa a formar parte de los datos de la siguiente. Así, si el cálculo de Lorenz consistía en, digamos, 300 iteraciones, él comenzó en la iteración 150.) Tomó, pues, una de las hojas que salían de su impresora para copiar los datos que necesitaba y usarlos como datos iniciales en la nueva ejecución de su programa. Los cálculos llevaban algo de tiempo, así que, por higiene psicológica, decidió alejarse un poco de la ruidosa máquina. Cuando al cabo de una hora volvió a su mesa de trabajo, se encontró con un pronóstico totalmente distinto del que pretendía verificar. Sorprendido, se dedicó a buscar el error en el programa y en la máquina, en el software y en el hardware, pero no daba con él. Finalmente descubrió la razón de la enorme diferencia entre un pronóstico y el otro (según algunos autores, la ciencia del caos acababa de nacer): su impresora, por falta de espacio, imprimía los resultados sólo con una aproximación de tres decimales. Así, en lugar de un dato como 0.538291, con el que trabajó el programa en su primera ejecución, Lorenz colocó otro dato ligeramente distinto: 0.538. Creyó que la diferencia, menor que una milésima, no alteraría mucho el resultado final. Pero las ecuaciones que describen el comportamiento del clima no son lineales, por lo que al iterarlas presentan un comportamiento caótico, es decir, impredecible.

Cuando Lorenz asimiló todo esto, llegó a la conclusión de que la predicción del clima más allá de unos cuantos días estaba destinada al fracaso. En las ecuaciones no lineales, las pequeñas diferencias se magnifican con cada iteración; por esta razón la predicción del *tiempo* va perdiendo precisión con el *tiempo* hasta hacerse totalmente inútil. Así funciona el clima: cualquier cambio, por mínimo que sea, puede llegar a tener una importancia enorme. Y también así, por tratarse de sistemas no lineales, funciona la mayoría de los fenómenos reales. (Por sistemas no lineales entendemos aquellos cuyos elementos no se relacionan de una manera proporcional.)

Como quiera que sea, esto puede ser una buena noticia para las personas que se sienten insignificantes (algunas con justa razón). No es descartable que la decisión de un individuo ocioso (entre hurgarse la nariz o no hacerlo, por ejemplo) pueda provocar, después de un tiempo razonable, que un país decidiera atacar a otro. Como dice la frase que le da nombre a este efecto, el aleteo de una mariposa en Hong Kong puede ocasionar una tempestad en Nueva York. Hay que tener en cuenta que esta idea, hermosa como es, no debe despertar un entusiasmo exagerado, puesto que si el aleteo de una mariposa en Hong Kong es capaz de provocar tan grandes efectos en Nueva York, el aleteo de otra en Burundi puede muy bien anularlos. O bien, un niño que decida ponerle mayonesa a su torta (en lugar de mantequilla) podría conjurar todo el peligro que ocasionaría, con su inquieto dedo, el ocioso individuo arriba citado. Sin embargo, en sistemas reducidos, limitados, sí puede ser más importante tener en cuenta el efecto mariposa, que se despliega a partir de los puntos críticos.

Veamos un ejemplo tragicómico de punto crítico. Un hombre viaja por una carretera a bordo de su auto compacto que recientemente obtuvo por autofinanciamiento. Está feliz porque finalmente tiene el coche y por eso silba una canción de moda. Pero también está un poco inconforme porque obtuvo el auto diez meses después de lo que los vendedores le aseguraron que lo obtendría, aun en el supuesto de que tuviera muy mala suerte. Un poco más adelante en el camino, una abejita muy quitada de la pena vuela en sentido perpendicular a la carretera y rumbo a ella. Todo parece indicar que un encuentro con el auto del hombre es inminente. Pero detengamos un momento la acción para analizar los posibles desenlaces. a) La abeja se convierte en una especie de arte abstracto en el parabrisas del auto. b) El insecto se retrasa en su camino sólo una décima de segundo; el auto pasa zumbando a 110 km/h, que es la máxima velocidad permitida en esa carretera, y está tres metros adelante cuando pasa la abeja, que así salva su vida. c) La abeja se retrasa en su camino, no una décima de segundo sino sólo la mitad de ese breve lapso, por lo que alcanza a entrar por la ventanilla cuando el auto pasa. El hombre levanta instintivamente la mano para protegerse del insecto y pierde fatalmente el control del automóvil. Unas centésimas de segundo pueden ser la gran diferencia. El momento justo para que ocurra la catástrofe se puede considerar en este ejemplo un punto crítico del sistema (aunque la abeja y el hombre no se podrían poner de acuerdo en cuál es ese preciso momento).

Para tener una idea de cómo se verifica un típico comportamiento caótico (descubierto por Lorenz), supongamos un par de ruedas unidas por ocho travesaños de los que cuelgan sendos recipientes con orificios en sus bases; sería como una pequeña rueda de la fortuna que en lugar de asientos tuviera cubetas perforadas. Si la rueda se coloca bajo una caída de agua, su comportamiento variará de acuerdo con la intensidad de la corriente, pero no será proporcional a ella. Es decir, no girará más rápido cuanto mayor sea la corriente sino que mostrará un comportamiento a primera vista extraño, pero completamente explicable.

Con una corriente débil, la cantidad de agua que cae en el recipiente en turno es tan escasa que alcanza a drenarse antes de poder ejercer un peso suficiente como para vencer la fricción de la rueda con su eje (y la inercia del sistema). Si aumentamos la corriente, el recipiente empezará a llenarse puesto que caerá en él más agua de la que escapa por sus orificios. Cuando el peso de esta agua acumulada supere cierto límite, vencerá a la fricción (y a la inercia del sistema), por lo que la rueda comenzará a girar. Este movimiento desplazará al primer recipiente hacia adelante y hacia abajo, lo que provocará que disminuya el ritmo con que recibe agua. Como el ritmo de la pérdida de agua (a través de los orificios de la base) se mantiene casi constante, el agua contenida en el recipiente comenzará a reducir su nivel y a perder peso. Sin embargo, el recipiente que le sigue ya estará llenándose y ejerciendo peso. Lo mismo sucederá con los demás recipientes. Aproximadamente cuando lleguen a la parte más baja de su recorrido, habrán perdido toda el agua que contenían y, ya sin peso, subirán por el otro lado. La rueda, entonces, girará len-

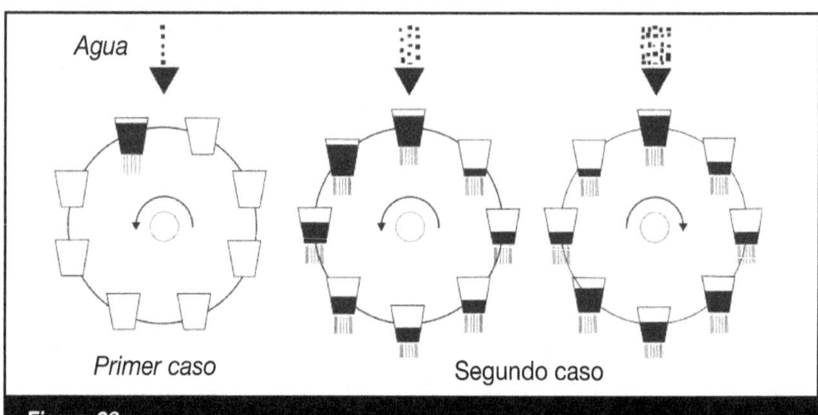

Figura 28.
Rueda hidráulica. El aumento del flujo de agua, primer caso, provoca un comportamiento caótico en el giro de la rueda (segundo caso).

tamente, a una velocidad casi uniforme (véase figura 28).

Este comportamiento regular se mantiene dentro de ciertos límites; es decir, existe una corriente mínima para poner en movimiento la rueda y una corriente máxima más allá de la cual el comportamiento del sistema se vuelve caótico. Dentro de ese intervalo regular, si se aumenta un poco la corriente aumentará proporcionalmente la velocidad de la rueda, y viceversa. ¿Qué sucede cuando la corriente sobrepasa el límite superior del intervalo? Sencillamente, la alta velocidad de la rueda impedirá que los recipientes tengan el tiempo suficiente para dos cosas: llenarse bajo el chorro de agua, y vaciarse antes de llegar a la parte más baja de su recorrido. Todo ello hará que el peso de las cubetas que suben sin haberse vaciado reduzca la velocidad de la rueda hasta detenerla y hacerla girar en sentido inverso. Pero entonces las cubetas del lado opuesto volverán a tener tiempo para llenarse y harán que la rueda vuelva a girar en el primer sentido. Así, la rueda girará en uno y otro sentido sin que sea posible predecir cuándo se producirá cada cambio de giro.

Este comportamiento irregular se debe a que unas variables determinan a las otras, que a su vez determinan a las unas. Por ejemplo, del peso que alcanza la cubeta dependerá la velocidad de la rueda y de ésta dependerá el peso que alcanza la cubeta. Es un ciclo de realimentación que, en el fondo, entraña el fenómeno de la autorreferencia. En efecto, el peso de un recipiente actúa sobre sí mismo por mediación de la velocidad de la rueda. Esto se conoce como ciclo de realimentación negativa o reguladora porque a mayor peso, mayor velocidad; y a mayor velocidad, menor peso. Es el mismo mecanismo que se cumple en los termostatos y muchos otros dispositivos que sirven para regular alguna variable de los sistemas.

Existe también el ciclo de realimentación positiva, que no regula sino que amplifica; como en el caso del micrófono que, cuando se coloca cerca de la bocina, produce ese chirrido tan molesto. El hablante común los conoce como círculos viciosos (o virtuosos). Un ejemplo ilustrativo es el del alcohólico que se deprime por su forma de beber y eso lo orilla a beber más, se deprimirá más entonces y beberá con mayor brío aún, y así hasta el abismo.

Estos ciclos o círculos pueden explicar algunas de las situaciones absurdas que se dan en la vida diaria, como la de quien cae en el adulterio orillado por los celos desproporcionados de su cónyuge; o quien se quiere suicidar porque ya no soporta el miedo a la muerte; o el hipocondriaco que afirma haber contraído la hipocondría cuando oyó hablar de los síntomas; o el masoquista que a gritos le pide a un sádico que lo azote, a lo que éste le contesta con un sonoro y efervescente "¡NO!".

Atractores extraños

Cuando queremos llegar a un sitio que no conocemos solemos recurrir a un mapa o croquis. Los científicos también usan mapas cuando quieren saber "hacia dónde va" un sistema de una o más variables (grados de libertad). Veamos un ejemplo sencillo. Es posible describir el comportamiento de un péndulo por medio de dos variables: posición y velocidad. En un plano cartesiano pueden graficarse estas dos variables, digamos que la posición se grafica en el eje de las x y la velocidad en el de las y. Cuando el péndulo está en reposo, su estado se representa con un punto en el origen (la intersección de los ejes). Si se le da un impulso el péndulo comenzará a oscilar a la derecha y luego a la izquierda y otra vez hacia la derecha y así hasta que por la fricción y la resistencia del aire terminará perdiendo su velocidad y volverá a quedar en reposo. Si vamos señalando con un punto el estado (posición y velocidad) del sistema en cada momento, obtendremos la trayectoria del sistema en el plano. Cuando el péndulo alcanza la mayor distancia hacia un lado, digamos 30 cm a la derecha, colocamos un punto sobre el eje de las x en el sitio que corresponda, según nuestra escala, a 30 cm. El punto se coloca sobre el eje porque la velocidad en ese momento debe ser cero, es decir que el valor de y en ese momento es igual a cero. A partir de entonces, el péndulo emprenderá su camino de regreso en dirección a la izquierda y alcanzará su máxima velocidad negativa cuando pase por el punto medio de la oscilación (en este caso se considera que la distancia hacia la izquierda del punto que representa el origen es negativa y a la derecha es positiva; la velocidad, por lo tanto, también será positiva o negativa dependiendo de la dirección del movimiento). En su siguiente oscila-

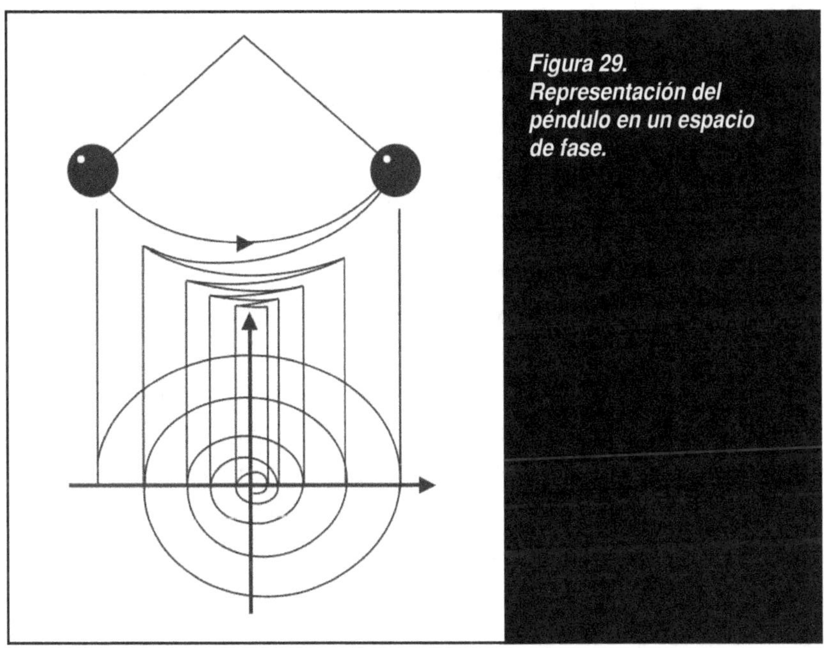

ción el péndulo no alcanzará el mismo desplazamiento que en la anterior y poco a poco se irá deteniendo, hasta llegar a un estado de equilibrio en el reposo absoluto. En nuestro plano, la trayectoria dibujará una espiral que termina en el origen, como se ve en la figura 29. El plano cartesiano que estamos usando para estos fines se conoce como espacio de fase o espacio de estado (en inglés se escribe *phase space*, que algunos traducen como espacio fase). En el caso del péndulo que analizamos, el espacio de fase es bidimensional, porque cada dimensión de este espacio corresponde a una variable. Para sistemas más complejos los espacios de fase pueden tener tres, cuatro o las dimensiones que sean necesarias para describir el sistema; incluso puede haber espacios de fase con una cantidad infinita de dimensiones. Por supuesto, sólo se pueden visualizar los de tres dimensiones o menos, los demás no; pero no por eso deja de ser útil esta herramienta gráfica que con un solo punto representa todas la variables de un sistema, es decir su estado, en un momento determinado.

Ya vimos que un péndulo traza una trayectoria espiral en el espacio de fase. Cualquiera que sea la intensidad del impulso inicial, la trayectoria del sistema trazará una espiral cuyo destino será el origen. En este caso, el origen, que es un punto, atrae cualquier trayectoria del sistema, por eso se dice que es un atractor de punto fijo.

¿Qué sucederá si trazamos la trayectoria de un sistema que consista en un péndulo en ausencia de fricción y resistencia del aire? El péndulo así considerado oscilaría eternamente, sus puntos máximos de desplazamiento se alcanzarían en cada oscilación y por lo tanto su trayectoria en el espacio de fase no sería una espiral, como en el caso anterior, sino una elipse igual a la de la figura 30. Si se aumenta el impulso del sistema la órbita se agranda, y viceversa. El sistema siempre se encuentra en equilibrio y no existe atractor alguno. En cambio, un péndulo sometido a los efectos de la fricción y resistencia del aire pero con un mecanismo compensador, como sucede en los relojes, oscila regularmente. Aun cuando

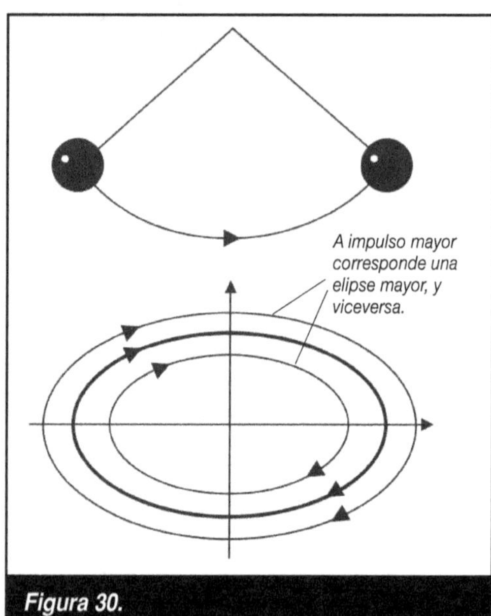

Figura 30.
Representación de un péndulo de movimiento perpetuo en un espacio de fase.

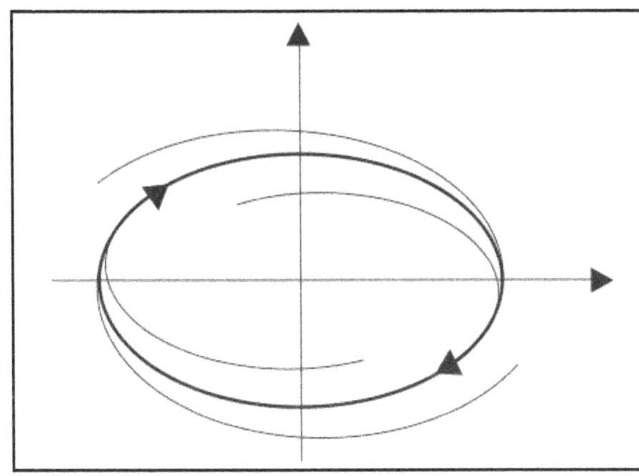

Figura 31. Representación de un péndulo activado por un mecanismo compensador, en un espacio de fase. La elipse principal corresponde a un atractor de ciclo límite.

se le diera un impulso adicional o se le frenara un poco en alguna de sus oscilaciones, el péndulo volvería a su ritmo regular. La representación de este sistema en el espacio de fase es una elipse en la que convergen otras trayectorias. Estas trayectorias convergentes representan los casos en que el péndulo es acelerado o frenado momentáneamente en alguna de sus oscilaciones. Esta elipse también se conoce como ciclo límite e igualmente es un atractor (véase figura 31).

Hagamos más complejo el sistema y veamos qué sucede en el espacio de fase si, por ejemplo, nuestro péndulo puede moverse en dos direcciones en vez de una sola. Aquí tenemos ya tres grados de libertad, por lo cual requeriremos una dimensión más en el espacio de fase. La trayectoria ahora describirá una figura con forma de cámara de llanta o dona que los matemáticos llaman *toro* (véase figura 32), y que resulta ser

Figura 32. Toro bidimensional.

Toros y dimensiones

Geométricamente, cuando un círculo gira sobre su diámetro (como cuando hacemos girar una moneda sobre el piso) forma un *sólido de revolución*, en este caso una esfera. Si en lugar de un círculo lo que gira es una circunferencia, objeto unidimensional que "habita" en un espacio bidimensional (R^2), se forma una *superficie de revolución* que corresponde a la superficie de la esfera; esta última es un objeto bidimensional inmersa en R^3. Si la circunferencia gira no sobre su diámetro sino alrededor de una línea paralela a éste que se encuentre fuera de la circunferencia pero en el mismo plano, el objeto de revolución que se forma es lo que se conoce como toro bidimensional. Se trata de la superficie de un objeto con forma de cámara de llanta o dona.

también un atractor. Hay que tener en cuenta que este atractor corresponde sólo a la superficie de la cámara de llanta, es decir, a lo que está hecho de hule y no a la parte interior. Hay también toros tridimensionales y multidimensionales que son útiles para describir sistemas con muchos grados de libertad, aunque no se pueden representar. Hasta aquí tenemos un atractor sin dimensiones (el de punto fijo), otro unidimensional (el de ciclo límite) y otro más bidimensional (el toroidal). ¿Hay otros atractores? Sí, pero vayamos por partes.

El comportamiento de los sistemas que acabamos de mencionar es estable y puede describirse sin problemas por medio de las leyes de la mecánica newtoniana. El estado futuro de un sistema de este tipo puede calcularse a partir del estado que guarda el sistema en un momento dado. Pero no todos los sistemas tienen este comportamiento tan regular. La turbulencia, por ejemplo.

En el libro de James Gleick, *Chaos. Making a new science,* que es un betseller en Estados Unidos, y forma parte de la bibliografía de casi todos los textos sobre caos que circulan en México, se cuenta una anécdota sobre el físico que postuló el principio de incertidumbre de la mecánica cuántica, Werner Heisenberg. Según esta anécdota, en su lecho de muerte Heisenberg dijo que tenía dos preguntas para Dios: por qué la relatividad y por qué la turbulencia. El moribundo especula a continuación que seguramente Dios tendrá una respuesta para la primera pregunta. (Una idea muy parecida aparece en un epígrafe citado por N. Katherine Hayles en su libro *La evolución del caos.*)

Quienes se enfrentan con la dinámica de fluidos serían felices si no fuera por la turbulencia. Mientras esta dinámica "mantiene la calma" todo está bien. Para calcularla, los ingenieros cuentan con técnicas viables que datan del siglo pasado. Pero cuando el flujo tranquilo deviene turbulencia, el cálculo fracasa. Tal vez Heisenberg exageraba y Dios sí sepa qué sucede en ese caso, en cuyo caos todo es posible. Hablando más en serio, la turbulencia suele ser un fenómeno no deseado que causa problemas, por ejemplo, en el flujo del petróleo por los oleoductos, en el del agua en las presas, en el de la sangre por venas, arterias y vasos, y en otros sistemas en que intervienen líquidos o gases. No obstante, hay algunos casos en que puede ser muy útil; por ejemplo, en el interior de un motor de propulsión, donde una combustión eficiente depende de la rapidez con que se realice la mezcla de gases y oxígeno. (Siempre que se requiere una buena mezcla, el fenómeno caótico es deseable. Si no fuera por él, la baraja, por ejemplo, no se revolvería lo suficiente para poder jugar un póker interesante, o la masa del panadero no conseguiría distribuir equitativamente sus ingredientes. La mezcla crea un estado desordenado que, como acabamos de ver, puede ser deseable en algunos casos. Este esta-

do desordenado se conoce en mecánica estadística como entropía, de la cual hablamos brevemente en el capítulo 2.)

La turbulencia es caos puro; desorden en todas las escalas; remolinos dentro de remolinos (véase figura 33), es decir, autosemejanza (la turbulencia es un fenómeno fractal). ¿Cómo es posible que una "entidad" predecible, como lo es un flujo tranquilo, se convierta de pronto en una "bestia" de movimientos incalculables, aparentemente azarosos? Un sistema turbulento tiene tantos grados de libertad que resulta muy difícil calcular un flujo de un centímetro cúbico por más de unos pocos segundos. Las leyes de la turbulencia no han sido completamente descubiertas, sin embargo están relacionadas con un fenómeno que se presenta en sistemas de todo tipo y puede llamarse: punto crítico, transición de fase, catástrofe, o, en términos menos científicos, la gota que derrama el vaso. Todas ellas nos hablan de un cambio abrupto en el estado de un sistema. Algunos ejemplos son: la transformación de una semilla en palomita de maíz; de un globo inflado a presión máxima, en un despojo de látex; del hielo, en agua líquida; de ésta, en vapor, etcétera.

Supongamos que una lámina, cuyo canto es tan delgado como el filo de una navaja, divide dos compartimientos. Si tratamos de hacer que una bola de billar caiga exactamente sobre el canto y permanezca ahí, no lo lograremos nunca; la bola caerá unas veces en un compartimiento y otras en otro. Si la bola cae relativamente lejos del punto crítico, será fácil saber en cuál compartimiento terminará, pero cuanto más cerca caiga de dicho punto, más difícil será predecir su destino final. Ahora imaginemos que un sistema está lleno de puntos críticos que magnifican los pequeños cambios y nos habremos formado una idea de la complejidad del comportamiento turbulento.

En una corriente de agua que fluye tranquilamente las fluctuaciones microscópicas se cancelan entre sí. Las moléculas viajan ordenadamente sin alejarse unas de las otras. Este sistema se puede representar en el espacio de fasc (recordemos que este espacio es una gráfica de las variables de un sistema) como un punto fijo que corresponde a la velocidad constante del agua. Cuando la corriente aumenta, se forman remolinos estables, que permanecen en un mismo sitio por periodos prolongados de tiempo. El flujo sigue siendo regular y predecible. Como este flujo regresa siempre a la misma oscilación básica aunque sea ligeramente perturbado, se puede representar en el espacio de fase como un atractor de ciclo límite. Hay entonces un momento en el cual el sistema pasa de un flujo tranquilo (laminar) a un flujo con formación de remolinos estables. En el espacio de fase, esto significa que la representación del sistema pasa del atractor de punto fijo al atractor de ciclo límite. Este cambio se produce en un punto crítico que se conoce como inestabilidad de Hopf (en honor del científico alemán Eberhard Hopf que inventó este modelo para describir las bifurcaciones que conducen a la turbulencia). Si la corriente aumenta aún más, el sistema cambia nuevamente de estado, los remolinos estables comienzan a moverse de un sitio a otro. En el espacio de fase el sistema pasa del ciclo límite al toro bidi-

mensional. Estas inestabilidades hicieron creer a Hopf
y otros que habría nuevas
inestabilidades, por lo que
en el espacio de fase el sistema iría formando toros de
cada vez más dimensiones.
Pero esto resultó ser falso.
En lugar de pasar al atractor
toroidal de tres dimensiones,
el toro bidimensional ad-
quiere una forma rara: como
si aumentara no una dimensión completa, sino una fracción de ella. En otra pala-

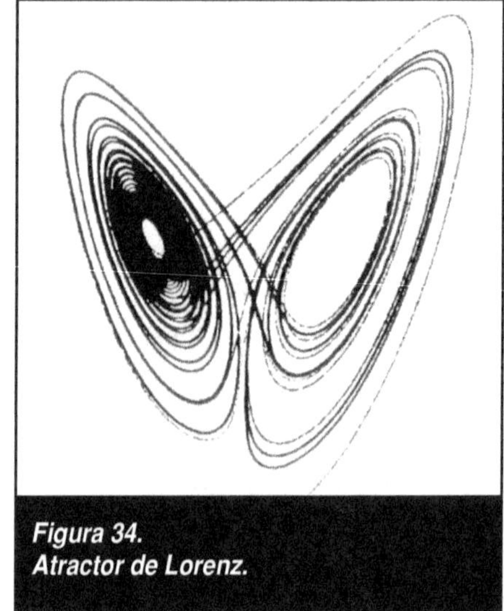

Figura 34.
Atractor de Lorenz.

bras, su dimensión es mayor que dos pero menor que tres, se vuelve fraccional o fractal (en el capítulo 3 explicamos qué es una dimensión fractal). "¡Qué extraño atractor!", se dirá el lector. Exactamente, por eso se llama *atractor extraño*.

El atractor extraño más conocido es el de Lorenz, que puede representar un sistema como el de la rueda hidráulica que vimos en "Efecto mariposa" en este mismo capítulo. La trayectoria de este atractor es infinita y nunca se cruza consigo misma a pesar de que permanece dentro de un volumen limitado del espacio de fase. Si la trayectoria se cortara a sí misma en algún punto, querría decir que el sistema ya había pasado por ese estado específico y por lo tanto tendría que continuar desarrollándose exactamente como la primera vez lo hizo, por tratarse de un sistema determinista. Pero la belleza de los atractores extraños es precisamente que nunca se repiten. Este atractor con forma de alas de mariposa tiene una dimensión fractal de 2.07 (véase figura 34).

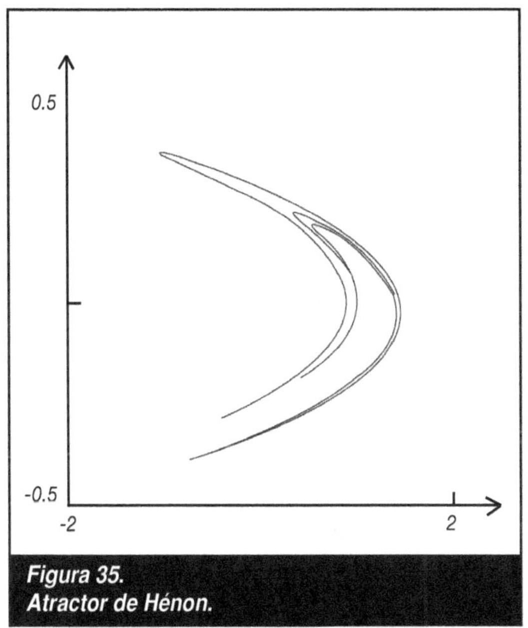

Figura 35.
Atractor de Hénon.

Otro atractor muy popular es el de Hénon. En una computadora con tarjeta de gráficos puede construirse fácilmente un atractor de Hénon y, con un poco de paciencia, podría hacerse también con una calculadora, papel y lápiz. Se trata de la representación gráfica en un plano cartesiano de puntos x y y, que evolucionan de acuerdo con reglas muy simples. Comenzamos colocando un punto en las coordenadas (1, 0). Para obtener la siguiente x tomamos la y anterior le sumamos 1 y le restamos la x anterior elevada al cuadrado y multiplicada por 1.4, y para obtener la siguiente y multiplicamos la x anterior por 0.3. La fórmula es, pues:

$$x_1 = y_0 + 1 - 1.4x_0^2$$
$$y_1 = 0.3x_0$$

Nuestros primeros puntos serían entonces (-0.4, 0.3), (1.076, -0.12), etc. Si repetimos esta operación unos cientos de veces empezaremos a verle forma a nuestro atractor de Hénon (véase figura 35).

Los atractores extraños son la estructura profunda del caos, la forma que adopta el aparente desorden de los sistemas dinámicos complejos.

Bifurcaciones

Uno de los caminos que conducen al caos está lleno de bifurcaciones. Exploremos un poco ese camino, usando como ejemplo la dinámica de poblaciones. Hay que tener presente que los estudios sobre poblaciones que realizan los ecólogos se refieren básicamente a los cambios demográficos anuales, es decir, cambios que se producen en intervalos discretos de tiempo (discreto aquí quiere decir "no continuo"). Aunque se dan cambios mensuales, semanales o diarios, los anuales son los más importantes porque están relacionados con los ciclos reproductivos de las especies.

Teóricamente, el incremento en el número de individuos de una población es de tipo exponencial; sin embargo, factores tales como el alimento, las enfermedades, los depredadores, entre otros, restringen el crecimiento hasta un tamaño límite, determinado para cada población. Una población que ha alcanzado su tamaño máximo puede conservarlo durante un largo periodo, o disminuirlo hasta extinguirse, o bien fluctuar de manera regular o irregular. La fluctuación es el más común de los comportamientos. Pero veamos esto con más calma.

Cuando un biólogo desea saber cómo aumenta o disminuye una población cualquiera de animales, por ejemplo de polillas, necesita algunos datos y una buena fórmula que los relacione. Supongamos que la tasa anual de crecimiento de una población de polillas sea de 2.4. Esto querría decir que al cabo de un año una población de 10 000 individuos aumentaría a 24 000. Si suponemos una ausencia total de depredadores y una provisión de alimento ilimitada, la población crecería a un ritmo exponencial puesto que cada año multiplicaría el número de sus individuos por 2.4. Un crecimiento así haría que la población de 10 000 aumentara a cerca de un billón de individuos en tan sólo 21 años. En efecto, para el primer año, la población aumentaría de acuerdo con la fórmula:

$$P_1 = TP_0$$

donde P_0 es la población inicial y T la tasa de crecimiento anual. Para el segundo año la fórmula sería:

$$P_2 = TP_1$$

para el tercero:

$$P_3 = TP_2$$

y así sucesivamente. Si generalizamos la fórmula, tendríamos:

$$P_n = TP_{n-1}$$

Pero para conocer P_{21} tenemos que saber cuánto vale P_{20} y, por lo tanto, cuánto valen P_{19}, P_{18}, P_{17}, etc. Entonces es mejor expresar esto como iteraciones. Sabemos que P_1 es una función de P_0 que se denota como:

$$P_1 = f(P_0) = TP_0$$

Si ahora queremos saber el valor para P_{21} (el tamaño de la población después de 21 años), iteramos la función ese número de veces:

$$f^{[21]}(P_0)$$

Nótese que por tratarse de una función lineal la iteración no provoca complicaciones. Si $P_1 = TP_0$, entonces:

$$P_2 = T(TP_0), \quad P_3 = T(T(TP_0)), \quad P_4 = T(T(T(TP_0))), \ldots$$

Es decir que 21 iteraciones equivaldrán a:

$$P_{21} = T^{21}P_0$$

cuya forma general será:

$$P_n = T^n P_0$$

Así, con los datos anteriores tenemos:

$$P_{21} = 2.4^{21} \times 10\ 000 = 964\ 797\ 000\ 000$$

Y cada año la población seguiría aumentando sin límite. En la vida real, las cosas son un poco diferentes: la provisión de alimento no es ilimitada, existen los depredadores, las enfermedades, la competencia, etcétera. El tamaño de la población va a presentar entonces un comportamiento no lineal. Veamos por qué. Si una población es muy pequeña, además de que no atraerá a los depredadores, tendrá alimento suficiente para todos sus integrantes; el crecimiento anual entonces puede ser muy cercano a su tasa de crecimiento ideal (en este caso, 2.4). Si el tamaño de la población aumenta, llegará un momento en que el alimento empiece a escasear, comenzará la competencia y aparecerán los depredadores y las enfermedades, todo lo cual aumentará la mortalidad y tenderá a estabilizar la población. La fórmula que presentamos arriba no sirve para expresar este tipo de comportamiento porque no refleja cómo el tamaño de la población influye en el ritmo de crecimiento. Una fórmula mejor para este caso sería la siguiente:

$$P_1 = TP_0(1\text{-}P_0)$$

que iteraríamos tantas veces como años deseáramos considerar:

$$P_n = f^{[n]}(P_0)$$

Hay que aclarar que, para simplificar los cálculos, conviene recurrir a un truco matemático que consiste en expresar la población como un número entre cero y uno, donde la máxima población posible, el 100%, está representado por el uno, y la extinción por el cero. Aún así el cálculo resultará engorroso debido a que la ecuación ya no es lineal; en estos casos conviene usar una computadora para realizar los cálculos. Supongamos que en nuestro ejemplo las diferentes condiciones del medio sólo permiten una población máxima de 100 000 individuos. Si consideramos la misma población inicial de 10 000 individuos (es decir, $P_0 = 0.1$, puesto que 10 000 es la décima parte de 100 000), tendremos en el primer año:

$$P_1 = 2.4 \times 0.1 \, (1 - 0.1) = 0.216$$

que equivaldría a una población de 21 600 individuos. Siguiendo esta línea de razonamiento tendremos los siguientes datos:

Año	Población ideal	Población esperada
1	24 000	21 600
2	57 600	40 642
3	138 240	57 898
4	331 776	58 502
5	796 262	58 264
6	1 911 029	58 360
7	4 586 471	58 322
8	11 007 530	58 337
9	26 418 072	58 331
10	63 403 372	58 334
11	152 168 090	58 333
12	365 203 410	58 333
13	876 488 180	58 333

En condiciones ideales la población crece sin límite, según habíamos visto. En nuestro modelo no lineal notamos que el comportamiento es muy distinto.

El primer año la razón de crecimiento es apenas un poco inferior a la que se obtiene en el caso ideal, pero cada año la tasa va decreciendo. La población más abundante se alcanza en el cuarto año, y a partir de ahí va a aumentar y disminuir alternada y decrecientemente hasta estabilizarse en 58 333. Si la población inicial fuera muy distinta, digamos 90 000 individuos, terminaría estabilizándose en... 58 333. En el primer año habría una caída abrupta de la población a 21 600 individuos, los mismos que si la población inicial fuera de 10 000.

Las razones arriba mencionadas (alimento, depredadores, etc.) son suficientes para explicar este tipo de comportamientos. Pero debe tenerse muy presente que estas ecuaciones no reflejan fielmente el comportamiento real de las poblaciones. Se trata sólo de modelos aproximados, mucho más inexactos que los que estamos acostumbrados a ver en la física, por ejemplo; sin embargo, el fenómeno matemático es interesante por sí mismo.

Continuemos con las poblaciones. Si la tasa de crecimiento ideal es un poco mayor, digamos 2.9, la población se estabiliza, aunque tarda un poco más, en 65 517, independientemente de cuál sea la población inicial. En otras palabras, el destino de la población no depende de la cantidad de individuos que la forman sino de su tasa de crecimiento ideal. Si la tasa asciende a 2.99, la población también se estabiliza, aunque tarda todavía más, en 66 555. Pero cuando la tasa llega a 3, el sendero estable se bifurca; en lugar de una estabilidad va a haber dos. Desde una tasa de 3 hasta una de 3.44, existirán dos estabilidades bien definidas. Cuando la tasa es de 3.5, las dos estabilidades se bifurcan para dar lugar a cuatro estabilidades. Este proceso continua conforme nos vamos acercando a un valor de 3.56999, en donde las estabilidades son tantas, debido a las sucesivas bifurcaciones, que prácticamente ya no puede hablarse de estabilidades sino de caos. La población oscila de una manera que se parece mucho al azar.

Cuando se grafican estos resultados en un espacio de fase el resultado es lo que aparece en las figuras 36 y 37. Se trata de un atractor extraño, en el que podemos ver que entre 3.569999 y 3.7, la población fluctúa en cuatro regiones de atracción y después en dos. Cuando la tasa alcanza un valor de 3.7, el atractor se une en un solo bloque que en nuestro ejemplo va aproximadamente de 25 000 a 92 000 individuos. Esto quiere decir, entre otras cosas, que con esa tasa la población nunca estaría fuera de este último intervalo. Cuando la tasa es de 4, la población podría llegar a ser de cualquier tamaño, es decir, desde extinguirse hasta alcanzar el máximo teórico de 100 000 individuos. Pero lo más extraño de todo sucede con una tasa de 3.829, con la que se abre una ventana a una nueva estabilidad triple. La población en estas condiciones sólo puede tomar tres valores diferentes. El orden dentro del caos. Pero ya habíamos oído eso en algún lado ¿no? Después estas estabilidades se bifurcan para dar lugar a 6, luego a 12, 24, 48, 96... La estructura de esta figura es infinitamente profunda. Si magni-

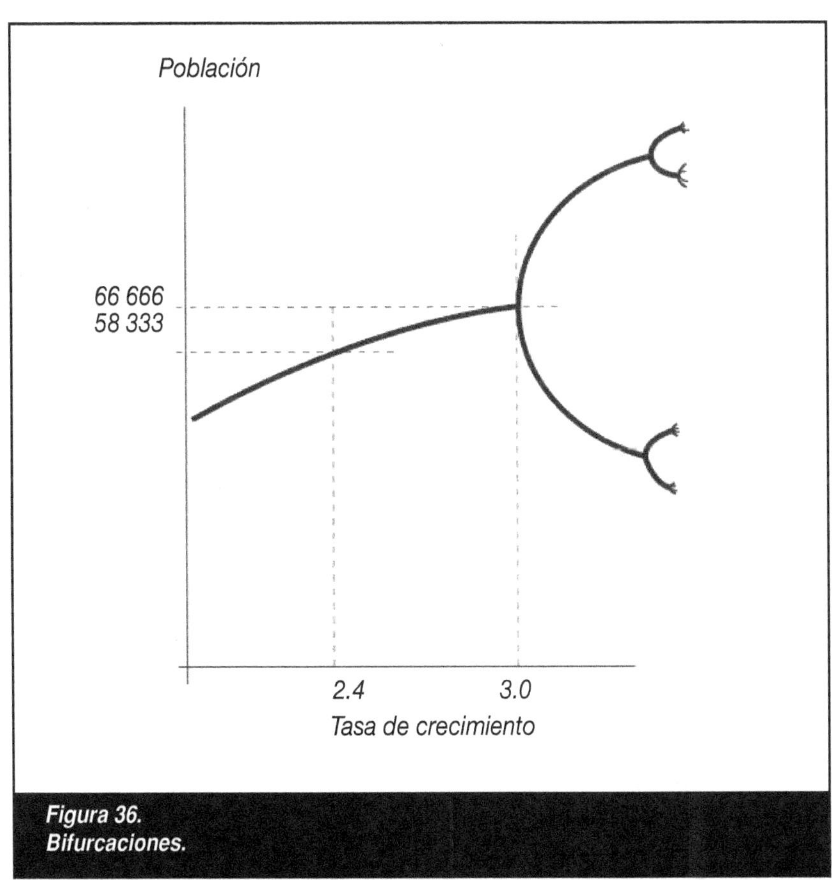

Figura 36.
Bifurcaciones.

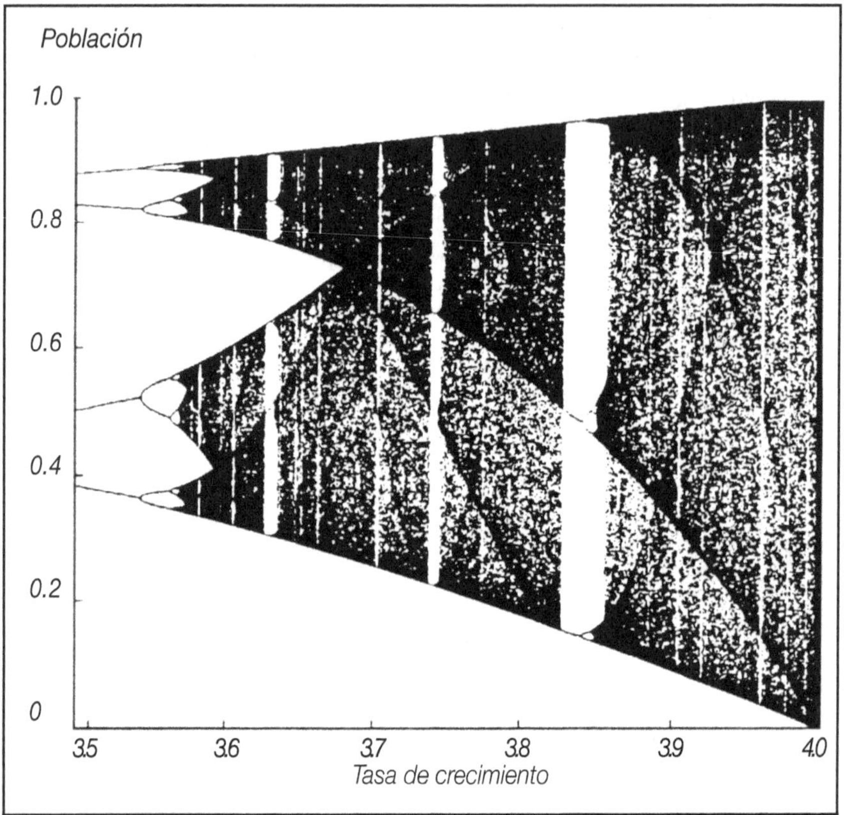

Figura 37.

Figura 37.
Una extraña ventana de orden inmersa en un mar de caos.

ficamos la parte media de la ventana de orden nos vamos a encontrar con algo que, a estas alturas, ya nos es familiar: la figura es autosemejante (véase figura 38).

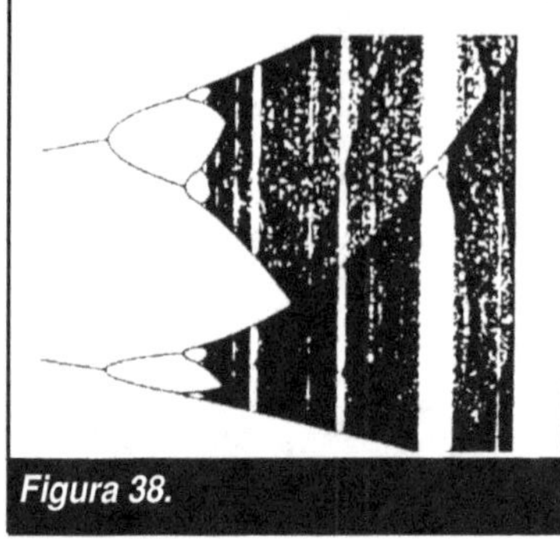

Figura 38.

112

6

La ruta hacia el caos

Cuando terminó de leer, Sergio pensó impresionado que las cosas tenían una explicación más sencilla, aunque quedaban algunos cabos sin atar.

El 29 de julio, a eso de las diez de la noche, tocaron a la puerta de la casa de Sergio. Él abrió y vio tres cosas: un hombre bajito de unos cuarenta años, un bigote tupido, y una cabeza totalmente calva. No era una combinación que abundara por las calles.

—¿Tú eres Sergio? —preguntó con un vozarrón que parecía prestado.

—Sí, yo soy —contestó desconcertado—. ¿Qué se le ofrece?

—Toma —le extendió un paquete y un acuse—. Firma aquí, por favor.

—¿Quién me lo envía?

—Aquí, por favor —dijo amablemente el tipo señalando el sitio donde debía firmar Sergio, pero sin contestar su pregunta.

—Pero ¿quién me lo manda? —insistió mientras firmaba.

El hombre esperó respetuosamente a que terminara de firmar y sólo le dijo "gracias" y se largó.

Dentro del paquete venían unas cuartillas. El texto se llamaba "El orden oculto" y era el mismo que Suriana le había dado el 25 de abril. Entonces supuso que se trataba de una ocurrencia suya. Planeó llamarla al día siguiente para platicar con ella. Con lo de don Carlos ya no habían podido hablar de otra cosa que no fuera la pena que la embargaba. Sergio creyó que esta era una señal que ella le enviaba para comunicarle que ya se encontraba en disposición de que todo regresara a la normalidad. "Tal vez pronto le pueda llegar" pensó esperanzado, y como ya era muy tarde se acostó a dormir.

A las ocho de la mañana oyó que su mamá le decía:

—Te hablan por teléfono.

—Voy.

Sin saber por qué, sintió que el corazón se le aceleraba.

Tomó la bocina y contestó.

—Sergio, necesito que vengas —la voz parecía ser la de Suriana pero se oía un poco rara.

—¿Suriana? ¿Qué te pasa! —preguntó angustiado.

—Te espero a las doce en la esquina de mi casa, quiero enseñarte una cosa.

—Pero, dime, ¿te pasa algo?

—No, sólo que no he dormido bien. Te espero a las doce, adiós —y colgó.

Él llegó exactamente a las doce pero ella no estaba. Su inquietud creció, comenzó a pensar cosas terribles. Fueron sólo cinco minutos, pero muy perezosos. Finalmente la vio venir. Estaba ligeramente pálida y tenía un poco de ojeras, pero por lo demás se veía bien; "estupenda" pensó él, más tranquilo ya, y más enamorado cada vez.

Se dieron un inocente beso, y en seguida ella dijo:

—No sé por dónde empezar.

—Por el principio.

—No lo hay. Y si lo hay, no sé dónde está.

—Cuéntame qué pasó ayer, por qué no dormiste bien. Así empezamos por algún lado.

—Es que antes quiero decirte algo que no sabes de mí.

En ese momento Sergio creyó entenderlo todo. Lo peor que le podría pasar a él era seguramente lo que ella iba a revelarle.

—Te escucho —dijo él, resignado, tratando de pensar en qué iba a suceder después de todo esto.

—Vamos al parque a sentarnos ¿no? —sugirió ella.

Se dirigieron a las bancas en silencio y se sentaron. Él volteó a verla interrogativamente.

—Un día —comenzó Suriana—, cuando tenía como doce años, me pasó algo raro mientras platicaba con una amiga mía —hablaba pausadamente—. Yo lo supe mucho tiempo después... de la última vez que me sucedió... lo peor es que no recuerdo nada, o... tal vez sí... no sé.

Más parecía que estaba pensando en voz alta que hablando con alguien. Sergio trataba de encontrar un poco de sentido, pero no era fácil. A veces Suriana hacía pausas demasiado largas pero él no se atrevía a intervenir.

—Según esto —continuó—, yo decía puras estupideces... actuaba como tonta... una hora, dos, no sé bien, y luego me dormía...

también una hora o dos... despertaba con dolor de cabeza... también una hora o dos... de eso sí me acuerdo, del dolor claro que me acuerdo.

Suriana tenía la mirada fija, clavada en el suelo, pero los ojos le brillaban como si estuviera viendo mil luces de colores ahí debajo de la tierra. Sergio, por su parte, respiró con alivio apenas entendió por dónde iba la cosa. No, no se trataba de lo que había temido, por fortuna. Sin embargo no le gustaba mucho la actitud de ella ni esa mirada que por momentos parecía perder la cordura. Quiso distender un poco el ambiente y dijo:

—Algo similar le pasaba a un amigo mío de la infancia. No es nada grave, no hay por qué preocuparse.

Ella volteó a verlo y le sonrió. A él le pareció que no iba a poder soportar esa belleza tan peculiar de Suriana, que se acentuaba cuando sonreía, y más ahora con esas ojeras que no le iban nada mal. "Emergió de ese abismo interno mil veces más linda que cuando se sumergió en él", pensó inspirado.

—Sergio, ¿tú te has buscado a ti mismo?

—¿Cómo?, ¿de qué me estás hablando? —preguntó desconcertado y un poco molesto. Suriana era desconcertante, es cierto, pero esto ya se estaba pasando de la raya.

—Contéstame, todavía no te platico nada. Necesito ir poco a poco encontrando la manera —dijo ella en tono conciliador—. ¿No quieres ayudarme?

—Claro que te quiero ayudar, Suriana, pero es que no entiendo nada.

—No comas ansias. Dime, ¿tú te has preguntado quién eres, qué eres exactamente? ¿Qué demonios es eso que piensa y siente dentro de ti y a lo que le llamas *yo*?

—Supongo que sí —contestó, como si aquello no tuviera importancia.

—Por la forma en que contestas, me da la impresión de que no lo has hecho con la suficiente concentración.

Él no respondió, sólo se le quedó mirando como para que explicara de una vez por todas qué se traía entre manos.

—Mira —dijo Suriana levantándose, y le hizo una seña a él para que se sentara derecho en la banca y pegara su espalda contra el respaldo—. Vamos a ver si funciona.

Comenzó a darle masaje en el cuello mientras le decía:

—Piensa en ti, relájate y concéntrate. Piensa en ti, respira profundo pero lentamente, procura que el aire llegue a la parte baja de tus pulmones. Relájate. ¿Cómo te sientes?

—¡Cómo quieres que me sienta! Este masaje es una maravilla. Me siento a todo dar —dijo él algo excitado y muy divertido.

—Pero no te concentres en el masaje, concéntrate en ti, pregúntate quién eres.

—Es que no entiendo bien a qué te refieres.

—¿Nunca has repetido una palabra muchas veces hasta que empiezas a sentirla rara, como que la desconoces?

—Eso sí, pero ¿qué tiene que ver?

—Pues todo. En lugar de que sea una palabra, búscate a ti mismo una y otra vez y verás cómo te vas a sentir raro, como que te vas a desconocer.

Finalmente Sergio había entendido a qué se refería ella, pero no sabía cómo hacerlo. Sin embargo, Suriana le siguió hablando ya sin darle masaje porque se dio cuenta de que eso lo distraía, más que ayudarlo a concentrarse. De pronto Sergio se puso de pie y volteó a ver a Suriana y luego volteó para todos lados.

—Oye, ¡qué gacho se siente! —exclamó.

—No es exactamente gacho, sino raro ¿no? —matizó ella.

—Pues no sé, pero es algo intenso. No, a mí no me gustó.

—Porque te sacó de la apatía de ser tú mismo y no sorprenderte de serlo; porque pareces no darle ninguna importancia a ser tú.

—¿Estás leyendo superación personal?

—Por supuesto que no, menso. No te estoy diciendo que eres único, que todo lo que quieras lo lograrás si te lo propones, que sonrías y la fuerza estará contigo. Estoy queriendo decirte que la gente debería sorprenderse de vez en cuando de ser un *ser* consciente. Es como una cubetada de agua fría que templa el espíritu. Un ser consciente pensando en su propia conciencia, ¿no te parece que es una especie de autorreferencia, como una serpiente que se muerde la cola? —dijo, y pensó para sí: "eso debe explicar también por qué el incesto es paradójico... o ¿ya me estaré metiendo en honduras?"

—Como que ya te estoy medio entendiendo, seguramente estás leyendo sobre el caos ¿no? Dime, ¿tiene esto que ver con el paquete que me enviaste ayer?

—¿Qué paquete?

—El texto sobre caos, no te hagas.

—Yo no te mandé nada. ¿Por qué dices que fui yo?

—No te hagas —y al decirlo tocó con su codo el brazo de ella y le sonrió como para que viera que la había descubierto, que ya no tenía caso seguir la farsa—, el mismo que me diste el otro día.

—Esto se complica cada vez más. Yo no te envié nada —se quedó pensando un momento y de pronto le brillaron los ojos—. 'Pérame, 'pérame —dijo con la mirada fija—. ¿No era un hombre alto, de barba, el que te llevó el paquete?

Él se echó a reír.

—¿Ya ves? —le dijo—. Sí fuiste tú, pero te falló tu cuate y mandó a un chaparrito.

Ella comenzó a buscar en su bolsa, de donde sacó unas hojas arrugadas.

—Ayer fue 29 de julio ¿verdad? Mira, lee esto.

Era una hoja de contabilidad, donde había una relación de cargos y abonos. Suriana le señaló un párrafo hasta abajo donde se leía:

"El 29 de julio a eso de las seis de la tarde tocaron a la puerta de la casa de Sergio. Él abrió y vio a un individuo alto de unos 35 años, de barba muy negra, que le preguntó:

"—¿Tú eres Sergio?

"—Sí, yo soy. ¿Qué se le ofrece?

"—Toma —le extendió un paquete y un acuse—. Firma aquí, por favor.

"—¿Quién me lo envía?

"—Aquí, por favor —dijo amablemente el tipo señalando el sitio donde debía firmar Sergio, pero sin contestar su pregunta.

"—Pero ¿quién me lo manda? —insistió mientras firmaba.

"El hombre esperó respetuosamente a que terminara de firmar y sólo le dijo 'gracias' y se largó."

Ahí terminaba el texto, que estaba escrito a máquina.

—¿Qué es esto? —preguntó entre divertido y anonadado—. ¿Quién lo escribió? Pero además —dijo sin esperar la respuesta—, no fue a las seis sino a las diez cuando se apareció el tipo, y no era el mismo... —se quedó pensando un momento; y luego, estupefacto, aceptó: —Pero sí pasó eso, yo diría que exactamente eso fue lo que dijimos.

—Pues ya no sé si entiendo más o entiendo menos —dijo Suriana—. Aquí hay gato encerrado. Precisamente quería contarte las cosas raras que descubrí ayer. Encontré estos papeles en el estudio de mi abuelo. Pero hay otras cosas. Mira, lee esta carta —y le tendió la que ella había leído en el estudio de don Carlos.

Cuando Sergio terminó de leerla preguntó:

—¿Y quién es este tipo?

—¿Cuál tipo?

—¿Cómo que cuál tipo? Pues el que le mandó esta carta a tu abuelo. ¿Tú crees que tenga algo que ver con todo esto?

—Se supone que es un cuate suyo, pero ya no estoy tan segura de que exista ese tipo.

—¿Qué? Cómo que no estás segura.

—Es que también encontré esto, que parece ser letra de mi abuelo —y le extendió la hoja que tenía la serpiente en el reverso.

—¿Y qué deduces de todo esto? —le preguntó Sergio cuando terminó de leer el pequeño texto.

—Que pudo haber sido mi abuelo quien escribió la carta... y quien estaba escribiendo el libro sobre el caos.

—Que ¿qué? ¿Tu abuelo?

—Sí, mira. Ayer que estuve en el estudio encontré un archivo con papeles y notas de él. Había un fólder que decía "Caos", en el que estaba una copia de los dos capítulos que hemos leído: el de fractales y el del orden oculto. Pero también había un texto que... ¡narra nuestra reconciliación!

—¿Traes esas cuartillas? Déjame verlas —le pidió mordido por la curiosidad.

Ella sacó de su bolsa cinco cuartillas y se las dio a Sergio, que empezó a leer:

"El 23 de abril de 1994, a eso de las dos de la tarde, un fuerte viento azotó a la ciudad de México, como no lo hacía en muchos años. Volaron objetos por los aires; algunos ligeros, otros pesados. Sergio prefirió detener un momento su camino a casa por tres razones: para esperar a que amainara el viento, para mirar ese movimiento desordenado de las cosas y, si su orgullo se lo permitía, para reconciliarse con Suriana, que ahí venía en medio de todo ese escándalo climático."

Sergio siguió leyendo hasta el final:

"Y así se alejaron por la calle, discutiendo, aunque divertidos, y encantados de reconciliarse. Sus siluetas, mudas ya, se mezclaron con el ruido de la tarde y se fueron desvaneciendo en la lejanía."

—Pero esto tiene algunas inexactitudes —dijo, sin saber si sonreír o apenarse.

—Espero que eso de "bizca fea" sea una de las inexactitudes —exclamó, inmersa en una sensación absolutamente indescriptible.

Él salió por la tangente observando:

—Pero entonces no queda ninguna duda de que fue don Carlos quien escribió esto —y pensó "¿cómo habrá sabido el viejo todo eso sobre mí?, ¿a quién le pude haber contado esas cosas?, seguramente a algún chismoso, pero ¿quién?"

—Tal vez, pero entonces ¿quién escribió esto? —preguntó ella, extendiéndole un pedazo de hoja arrugada y con residuos de café en un extremo, que decía:

"El 29 de julio Suriana llegó tarde a comer a su casa. El señor Clavel solía regañarla cuando no llegaba a tiempo. Pero ella no le hacía mucho caso, sólo el suficiente para no tener problemas con él. Ese día se cumplían tres meses de la muerte del abuelo; y aunque ella no le daba mucha importancia a las fechas, no pudo evitar un profundo sentimiento de tristeza.

"Desde aquel lamentable deceso, nadie, salvo Chonita, había entrado en esa casa...", hasta aquí llegaba el texto.

Cuando terminó de leer, Sergio pensó impresionado que las cosas tenían una explicación más sencilla, aunque quedaban algunos cabos sin atar. Seguramente Suriana estaba perdiendo la razón; a lo mejor eso que le contó de su adolescencia eran los primeros avisos (o visos) de una naciente locura.

—Esto lo escribiste tú, Suriana —dijo muy serio.

Ella se echó a llorar, ocultando su cara entre las manos. Él, compadecido y abrumado, la abrazó.

—No me crees ¿verdad? —dijo entre sollozos—. Pero juro que te estoy diciendo la verdad.

Por toda respuesta él le acarició el cabello.

—Tal vez todavía no te cuento lo peor —continuó Suriana, zafándose del abrazo. Se secó las lágrimas como pudo y sacando un papelito de su bolsa se lo dio a él.

—¿Y esto qué es?

Se trataba de la hoja de una agenda, la correspondiente al 19 de marzo. En ella se leía: "¿Un amor imposible se paga con la vida?", y más abajo decía "Sí".

—¿Quién escribió esto? Son dos letras distintas —observó él.

—Una es la letra de mi abuelo. La otra no la conozco.

Él ya no quiso entender nada, sólo volvió a abrazarla.

En frente, al pie de un árbol, un individuo de unos 35 años, alto, los observaba mesándose la negra barba.

FIN

Glosario

Atractor. Zona del espacio de fase que ejerce atracción sobre la trayectoria de un sistema. (Como esta palabra no está registrada en el Diccionario de la Real Academia Española algunos traducen *attractor* como *elemento de atracción*.)

Atractor de punto fijo. Punto en el espacio de fase que atrae la trayectoria del sistema. Este atractor representa sistemas que pierden energía, como el péndulo libre.

Atractor de ciclo límite o de órbita periódica. Elipse en el espacio de fase hacia la que converge la trayectoria del sistema.

Atractor extraño. Figura de dimensión fractal formada por la trayectoria de un sistema caótico. La trayectoria de este atractor es infinita y nunca se cruza consigo misma a pesar de que permanece dentro de un volumen limitado del espacio de fase. Los atractores extraños más conocidos son los de Lorenz, Hénon, Ikeda y Tinkerbell.

Atractor toroidal. Toro en el espacio de fase hacia el que converge la trayectoria del sistema.

Autorreferencia. Esta palabra se emplea con un poco de libertad en el presente libro para designar cualquier situación en la que al menos un factor actúa sobre sí mismo.

Corriente laminar. Se dice del movimiento de un fluido en una misma dirección, ordenado. En la corriente laminar, el fluido opone una resistencia directamente proporcional a su velocidad.

Corriente turbulenta. Cuando la corriente laminar alcanza una velocidad crítica se transforma en corriente turbulenta, en la cual el fluido opone una resistencia proporcional al cuadrado de la velocidad. Se caracteriza por la formación de torbellinos y movimiento desordenado.

Determinismo. Teoría que sostiene que todos los sucesos del Universo, tanto humanos como naturales, están completamente determinados por las causas, por lo que no hay lugar para la libre elección de los actos.

Discreto. Adjetivo que significa *no continuo*. Un ejemplo de objeto discreto es una línea punteada.

Efecto mariposa. Grandes efectos que sufren ciertos sistemas cuando cambian mínimamente sus condiciones iniciales. El término fue inventado por Edward Lorenz en la década de los sesenta.

Entropía. Hay tres maneras principales de entender la entropía:

a) En termodinámica, se relaciona con el cambio de la cantidad de calor por cada grado Kelvin, y se calcula según la ecuación $S = Q / T$, donde S es el cambio de entropía, Q es el cambio de calor y T es la temperatura. Por ejemplo, imaginemos como sistema cerrado una alberca llena de agua a una temperatura de 50 grados Celsius (323 K) en la que se arroja un pequeño cubo de hielo de 200 g. Para derretirse, el cubo absorberá una cantidad de calor determinada por su calor de fusión, que es de 80 cal / g. Esta cantidad de calor la tomará de la energía calorífica del agua. Es decir que el agua perderá la misma cantidad de calor que gane el cubo, obedeciendo a la ley de conservación de la energía. Puesto que el cubo de hielo conservará su temperatura (0 °C o 273 K) hasta que se derrita totalmente y la temperatura del agua no cambiará sensiblemente, tenemos que en el caso del agua el cambio de entropía será: S_A = -200 x 80 / 323, que es igual a -49.53 cal / K, mientras que el cambio de entropía en el cubo de hielo será: S_C = 200 x 80 / 273, que equivale a 58.6 cal / K. Así pues, el cambio total de entropía será: S_T = 58.6 -49.53 = +9.07 cal / K. Que este cambio sea positivo significa que la entropía aumenta, como efectivamente ocurre en todo intercambio térmico en los sistemas cerrados.

b) En mecánica estadística, la entropía se calcula con la ecuación de Boltzman: $S = k \log W$, donde k es la constante de Boltzman y W es el número de maneras distintas en que los elementos de un sistema pueden ordenarse.

c) En teoría de la información, la entropía tiene que ver con la incertidumbre esperada de un mensaje. Se calcula con una fórmula muy similar a la de Boltzman.

Espacio de fase (*phase space*). Espacio imaginario, de cualquier número de dimensiones, en el que se representan las variables de un sistema. Cada dimensión de este espacio corresponderá a cada una de las variables que se representen.

Fractal. Término derivado del latín *fractus* que significa *quebrado*. La palabra *fractal* fue inventada en los años setenta por el matemático francés Benoit Mandelbrot para referirse a la cualidad de ciertas figuras autosimilares. Por las connotaciones de fraccional que tiene la palabra *fractal*, se usa también para referirse a la dimensión no entera de algunos objetos matemáticos; por ejemplo, la dimensión fractal de la alfombra de Sierpinski no es 1 ni 2, sino aproximadamente 1.89. (El diccionario académico registra esta palabra como *fractual*.)

Grados de libertad. Variables que determinan el comportamiento de un sistema.

Iteración. Iterar significa repetir, pero no se trata de una repetición cualquiera, sino de la repetición de ciertas instrucciones, reglas o procedimientos. En un proceso iterativo, el resultado de una iteración pasa a formar parte de los datos de la siguiente.

Números complejos. Los que resultan de la suma de reales e imaginarios, como en $3.2 - 4.1i$

Números imaginarios. Los que resultan de multiplicar la unidad imaginaria i por un número real cualquiera.

Sistema. Conjunto de elementos (objetos, fenómenos, reglas, principios, etc.) que se relacionan o pueden relacionarse entre sí. Cuando la relación sólo se da entre los elementos del sistema, se dice que éste es cerrado. Cuando existe relación entre los elementos del sistema y elementos externos a éste, se trata entonces de un sistema abierto.

Toro. Superficie en forma de cámara de llanta o dona.

Unidad imaginaria. El resultado de extraer raíz cuadrada a -1. Se representa con la letra i.

Lecturas recomendadas

Briggs, John y F. David Peat, *Espejo y reflejo: del caos al orden. Guía ilustrada de la teoría del caos y la ciencia de la totalidad*, Conacyt-Gedisa, México, 1991.

Hayles, Katherin M., *La evolución del caos. El orden dentro del desorden en las ciencias contemporáneas*, colección Límites de la Ciencia, volumen 28, Gedisa, Barcelona, 1993.

Mandelbrot Benoit B., "Montañas y dragones fractales: la intuición en la matemática y en las ciencias", en *Sobre la imaginación científica*, edición de Jorge Wagensberg, colección Metatemas, volumen 22, Tusquets Editores, Barcelona, 1990.

Martínez E., Rafael y Radmila Bulajich, "Caos. Memoria antigua, realidad moderna", en *Ciencia y Desarrollo*, número 105, julio/agosto 1992.

Pagels, Heinz R., *Los sueños de la razón. El ordenador y los nuevos horizontes de las ciencias de la complejidad*, Conacyt-Gedisa, México, 1991.

Pérez Pascual, Rafael, "El caos determinista: los límites de la predicción científica", en *Revista de la Universidad Nacional Autónoma de México*, número 463, agosto 1989.

9 6 8 6 8 4 9 0 7 3 *